I0162055

L'AMICIZIA
SPIRITUALE

Di

AELREDO DI RIEVAULX

Libro pubbicato da:

limovia.net

twitter: @ebooklimovia

isbn: 978-1-78336-229-5

Nessuno ha un amore più grande di questo: dare la vita per i propri amici. Voi siete miei amici, se farete ciò che io vi comando. Non vi chiamo più servi, perché il servo non sa quello che fa il suo padrone; ma vi ho chiamati amici, perché tutto ciò che ho udito dal Padre l'ho fatto conoscere a voi.

Giovanni 15: 13-15

L'autore

Aelredo di Rievaulx, o Etelredo di Rievaulx (Aelredus Rievallensis) (Hexham, 1110 – Rievaulx, 12 gennaio 1167), fu un monaco anglo-sassone, abate della Abbazia cistercense di Rievaulxdal 1147.

Suo padre, un prete sposato, passò molti anni presso la corte del re di Scozia Davide I. Aelredo era diventato Maestro di Palazzo quando lasciò la corte per entrare come monaco cistercense nella Abbazia di Rievaulx (oggi non più esistente) nello Yorkshire, verso il 1134. Nel 1141 fu inviato assieme ad altri dodici compagni nella nuova casa del suo Ordine religioso a Revesby in Lincolnshire, con la carica di abate, il primo della nuova abbazia, da poco fondata e dipendente da quella di Rievaulx. Più tardi, nel 1147, divenne abate della stessa abbazia di Rievaulx, ove aveva iniziato il suo noviziato. Qui passò tutto il resto della sua vita. Sotto la sua direzione l'abbazia giunse ad un organico di circa seicento monaci. Egli visitò molte altre case dell'Ordine cistercense in Inghilterra ed in Scozia, in quanto tutte le abbazie inglesi e scozzesi di allora dipendevano da Rievaulx. Viaggiò anche in Francia ove visitò le abbazie di Citeaux e di Clairvaux. Rifiutò più volte il vescovado. Nel 1164 partì in missione per convertire I Pitti del Galloway: la missione fu coronata da successo al punto che in quello stesso anno a Kirkcudbright il loro capo entrò in monastero. Passò gli ultimi anni della sua vita afflitto da gotta e calcoli.

Limovia.net – classici della cristianitá

LIBRO

1

La natura e l'origine dell'amicizia e il motivo per cui ho scritto questo libro

Quando, ancora ragazzo, frequentavo la scuola, mi dava moltissima gioia la compagnia dei miei coetanei, così, tra le abitudini e le debolezze che solitamente rendono problematica quell'età, mi diedi con tutto me stesso all'affetto e mi consacrai all'amore: niente mi sembrava tanto dolce, tanto gioioso, tanto appagante quanto essere amato e amare. Il mio animo si trovò così a fluttuare fra tanti affetti e amicizie, come fosse trascinato in più direzioni: non sapevo cosa fosse la vera amicizia, e spesso mi lasciavo ingannare da ciò che ne era solo l'apparenza.

Finalmente mi capitò un giorno tra le mani il libro di Cicerone sull'amicizia, e subito mi sembrò utile per la profondità delle idee, e gradevole per la dolcezza dello stile. Benché non mi sentissi ancora maturo per l'ideale che proponeva, ero felice di aver trovato un certo modello di amicizia che mi permetteva di porre un certo ordine fra i miei sentimenti così dispersivi. Quando piacque al mio buon Signore rettificare le mie deviazioni, rialzarmi da terra, purificarmi con il suo tocco salutare dai miei errori, lasciai i progetti di carriera mondana ed entrai in monastero. Mi buttai subito nella lettura dei libri sacri: prima infatti i miei occhi infiammati e assuefatti al buio delle cose del mondo non riuscivano neanche a sfiorarne la superficie. Così, mentre il gusto delle sacre Scritture diventava sempre più dolce, e al loro confronto quel poco di scienza che mi era venuto dal mondo andava perdendo valore, mi tornarono alla mente le cose che avevo letto nell'opuscolo sull'amicizia di Cicerone, e mi stupii che non avessero più lo stesso sapore di prima. In effetti, a quel punto della mia vita, se una cosa non mi dava lo stesso gusto di quel miele che è l'amicizia di Cristo, se non era condita con il sale della Scrittura, non riusciva a coinvolgere interamente il mio sentimento.

E pensando e riflettendo continuamente su quelle idee, mi chiedevo se non fosse possibile rafforzarle dando loro come fondamento l'autorità delle Scritture. Avendo già letto negli scritti dei santi Padri molte cose riguardanti l'amicizia, volendo amare spiritualmente ma non sentendomene capace, cominciai a scrivere degli appunti sull'amicizia spirituale per offrire a me stesso le regole di un amore puro e santo. Così è nato questo libro, che ho diviso in tre parti: nella prima tratto della natura dell'amicizia e ne esamino l'origine o la causa; nella seconda ne prospetto i frutti e la grandezza; nella terza spiego, secondo le mie capacità, in che modo e fra quali persone essa possa conservarsi intatta per sempre.

Se qualcuno trarrà una qualche utilità da questa lettura, renda grazie a Dio e supplichi la misericordia di Cristo per i miei peccati. Se qualcuno troverà invece superfluo o inutile quanto ho scritto, abbia pazienza per la mia situazione infelice che, caricandomi di numerosi impegni, mi ha costretto a ridurre nello schema di questa meditazione il fiume dei miei pensieri.

La definizione pagana dell'amicizia

Aelredo: Eccoci qui, io e te, e spero ci sia un terzo in mezzo a noi, il Cristo. Non c'è nessuno che possa infastidirci, nessuno che possa interrompere il nostro conversare da amici: nessuno che arrivi con chiacchiere o fracasso a insinuarsi in questa nostra piacevole solitudine. Coraggio, carissimo, apri il tuo cuore, versa quello che vuoi nelle orecchie di chi ti è amico: accogliamo con gratitudine il luogo, l'ora, la serenità del riposo. Poco fa, infatti, mentre stavo seduto in mezzo a tanti fratelli che mi premevano da ogni parte parlando ad alta voce, chi interrogando, chi discutendo della Scrittura, chi della morale, chi dei vizi e chi delle virtù, solo tu stavi zitto. A volte alzavi il capo, e pareva che volessi parlare, poi, come se la voce ti morisse in gola, abbassavi la testa e tacevi; a volte ti staccavi un po' dal gruppo, poi tornavi, mostrando un volto triste. E capivo da tutti questi segni che, per far uscire i pensieri del tuo cuore, fuggivi dal gruppo e desideravi piuttosto la riservatezza.

Giovanni: È proprio così, e mi rende molto felice sapere che ti prendi cura di questo tuo figlio e fratello, perché solo lo spirito di carità può averti rivelato il mio stato d'animo e il mio desiderio. Vorrei che la tua bontà mi concedesse, ogni volta che tu verrai a visitare i tuoi fratelli che vivono qui, di stare a lungo con te, lontano dagli altri, per poterti esporre con calma ciò che si agita nel mio cuore.

Aelredo: Certo che te lo concedo, e volentieri. È questo proprio perché sono felice di vederti assetato non di chiacchiere inutili, ma di parlare di ciò che è necessario per la tua vita. Parla pure con tranquillità e condividi con chi ti è amico le tue preoccupazioni e i tuoi pensieri, così che in questo scambio tu possa imparare e insegnare, dare e ricevere, versare e attingere.

Giovanni: Veramente io sono pronto a imparare, non a insegnare; non a dare, ma a ricevere; ad attingere, non a versare. Del resto sono più giovane di te, mi ci costringe la mia inesperienza e me lo consiglia il mio essere religioso. Ma per non sprecare inutilmente il tempo, vorrei che tu mi insegnassi qualcosa sull'amicizia spirituale. Vorrei sapere di cosa si tratta, come nasce e qual è il suo scopo. Può nascere tra chiunque, e se no tra chi? Come può durare nel tempo? È possibile raggiungere il traguardo della santità senza che alcun dissenso la rovini?

Aelredo: Mi meraviglio che tu chieda a me queste cose quando sai bene che illustri filosofi dell'antichità hanno trattato con abbondanza di questi argomenti. Oltretutto hai passato gli anni della tua giovinezza a studiare quegli scritti, hai letto il libro di Cicerone sull'amicizia dove, con uno stile davvero felice e con ricchezza di argomentazioni, discute di tutto ciò che riguarda questa materia ed espone le norme che la regolano.

Giovanni: Conosco quel libro, anzi tempo fa lo leggevo con molto piacere; ma da quando ho cominciato a gustare la dolcezza delle Scritture e ho conosciuto Cristo che ha avvinto a sé il mio affetto, tutto ciò che non ha il gusto della parola di Dio, o non ha la stessa dolcezza, per me non ha né sapore né luce. Anche se si trattasse di cose scritte in modo molto raffinato non avrebbero pere me alcun interesse. Per questo vorrei che tutto ciò che è stato detto in passato, sempre che sia conforme alla ragione, e quello che nascerà utilmente da questa nostra discussione, sia provato con l'autorità della Scrittura. Vorrei anche che tu mi spiegassi come l'amicizia che deve esserci tra noi nasce in Cristo, cresca grazie a Lui, e trovi in Lui il fine e la perfezione. Credo, infatti, che Cicerone non conoscesse la vera forza dell'amicizia, visto che non conosceva in alcun modo colui che ne è il principio e il fine: Cristo.

Aelredo: Hai ragione tu. Anzi, visto che non so bene quali siano le mie capacità, non mi metterò certo a farti da maestro, piuttosto voglio conversare con te, dal momento che sei stato tu a trovare la via giusta. Proprio tu hai acceso quella luce fantastica che ci permetterà di non smarrirci lungo strade insicure, ma ci condurrà certamente a raggiungere l'obbiettivo che ci siamo proposti. Cosa si può dire, infatti, di più bello sull'amicizia, di più vero, di più utile se non dimostrare che essa nasce in Cristo, progredisce con Cristo, e da Cristo è portata a perfezione? Parla, allora, e dimmi qual è l'argomento che secondo te dobbiamo considerare per primo.

Giovanni: Mi pare che si debba ragionare prima di tutto su cosa sia l'amicizia perché, se ignoriamo il principio su cui fondare e sviluppare la nostra discussione, rischiamo di sembrare persone che costruiscono i castelli in aria.

Aelredo: Non ti basta quello che ha detto Cicerone: "L'amicizia è l'accordo, pieno di benevolenza e carità, sulle cose umane e divine"?

Giovanni: Se questo basta a te, sono soddisfatto anch'io.

Aelredo: Allora diciamo che tutti coloro che sulle cose divine e umane si trovano in perfetta sintonia e vivono un'unità fatta di benevolenza e carità, hanno raggiunto la perfezione dell'amicizia.

Giovanni: E perché no? Non riesco però a vedere cosa potessero significare in bocca a un pagano parole come "benevolenza" e "carità".

Aelredo: Forse col termine "carità" voleva riferirsi all'affetto interiore, mentre con quello di "benevolenza" voleva significare il suo tradursi in opere concrete. Infatti nelle cose umane e divine la sintonia dei due cuori deve essere cara a entrambi, cioè amabile e preziosa; invece nelle cose esterne l'agire deve essere pieno di benevolenza e di gioia.

Giovanni: Ammetto che questa definizione mi piace abbastanza, ma ho l'impressione che vada bene per i pagani e per gli ebrei, anzi anche per i cattivi cristiani. Sono convinto però che tra quelli che sono senza Cristo non può sussistere la vera amicizia.

Aelredo: Nel seguito del discorso vedremo con chiarezza se la definizione manca di qualche cosa o se pecca per esagerazione, cosi che potremo respingerla o accettarla come sufficiente e non viziata da alcun elemento estraneo. Da questa definizione, infatti, anche se forse non ti sembra adeguata, puoi comunque capire cosa sia l'amicizia.

Giovanni: Non prendertela, per favore, se ti dico che così non mi basta, a meno che tu non mi spieghi per bene il significato della parola stessa.

La definizione di amore, di amico, di amicizia e la definizione della carità

Aelredo: Lo farò volentieri, purché tu abbia comprensione per la mia ignoranza e non mi costringa a insegnarti quello che io stesso non so. Mi sembra che il termine "amico" venga da "amore", e "amicizia" da "amico". L'amore è un sentimento dell'anima per cui essa, spinta dal desiderio, cerca qualcosa e desidera goderne, ne gode con una certa dolcezza interiore, abbraccia poi l'oggetto di questa ricerca, e conserva nella memoria quello che ha trovato. La natura e la dinamica di questo sentimento le ho studiate con molta diligenza nel mio scritto intitolato "Specchio della carità" che tu conosci bene. Io dico che l'amico è come un custode dell'amore, o, come ha detto qualcuno, "un custode dell'animo stesso", perché l'amico, come lo intendo io, deve essere il custode dell'amore vicendevole, o meglio del mio stesso animo: deve conservare in un silenzio fedele tutti i segreti del mio animo; curare e tollerare, secondo le sue forze, quanto vi trova di imperfetto; gioire quando l'amico gioisce; soffrire quando soffre; sentire come proprio, tutto ciò che è dell'amico. L'amicizia dunque è quella virtù che lega gli animi in un patto così forte di amore e di dolcezza che quelli che prima erano tanti ora sono una cosa sola. Per questo i grandi filosofi hanno posto l'amicizia non tra le realtà casuali e passeggere, ma tra le cose eterne. È quanto lo stesso Salomone sembra dire nel libro dei Proverbi quando scrive: "Un amico vuol bene sempre" (*Pr* 17,17), affermando così con chiarezza che l'amicizia è eterna se è vera; se invece cessa di esistere, vuol dire che non è vera, anche se lo sembrava.

Giovanni: Com'è allora che si dice che anche tra grandi

amici sorgono gravi inimicizie?

L'amicizia: un ideale da perseguire anche con il sacrificio

Aelredo: Di questo, se Dio vorrà, parleremo a suo tempo. Voglio subito che tu sappia che non è mai stato vero amico uno che ha potuto offendere un altro dopo averlo accolto nella sua amicizia. E nemmeno può dirsi che abbia gustato la gioia della vera amicizia chi, una volta offeso, cessa di amare colui che prima amava. Infatti chi è amico, ama sempre. Se anche fosse rimproverato, insultato, dato alle fiamme, messo in croce, chi è amico ama sempre; e, come dice san Gerolamo: "Un'amicizia che può spegnersi non è mai stata una vera amicizia!" (*Epist. 41, ad Ruffin.*).

Giovanni: Se la perfezione della vera amicizia è così grande, non mi stupisco più che siano cosi rari quelli che sono stati riconosciuti come veri amici. Cicerone dice addirittura che, in tanti secoli che lo hanno preceduto, si possono contare "appena tre o quattro" (*Lib. de Amic.*, n. 15) veri amici che per la loro virtù e bontà abbiano raggiunto la notorietà. Visto poi che anche nella nostra epoca cristiana gli amici sono così rari, mi pare proprio di sudare per niente nel tentativo di far mia questa virtù. È una grandezza che mi spaventa, e che credo non raggiungerò mai.

Aelredo: È stato detto che "già il solo tentativo di arrivare a cose grandi è grande". Per questo è tipico degli animi più grandi riflettere costantemente sulle cose più sublimi, con il risultato che, o raggiungono quello che desiderano, o conoscono con maggior chiarezza quale deve essere il vero oggetto del loro desiderio: puoi star certo che ha già fatto un grande passo in avanti chi, conoscendo la virtù, si rende conto di quanto ne sia ancora lontano. Del resto, il cristiano non può mai disperare di conquistare l'amore di Dio e del prossimo, visto che sente ogni giorno nel Vangelo la voce divina che gli dice: "Chiedete e otterrete" (*Gv* 16,24). Non ti devi stupire se tra i pagani furono pochi i seguaci della virtù. Loro non conoscevano colui che è il Signore e il datore della carità, del quale è scritto: "Il Signore delle virtù è il Re della gloria" (*Sal* 23,10). Infatti, posso portarti l'esempio non di tre o quattro, ma di migliaia di amici che, per la fede in lui, erano pronti a "morire l'uno per l'altro", operando quel miracolo grandioso che gli antichi celebravano o immaginavano si fosse realizzato nel caso di Pilade e Oreste. Non erano forse veri amici secondo la definizione di Cicerone quelli di cui è scritto: "La moltitudine dei credenti era un cuor solo e un'anima sola; nessuno diceva sua proprietà quello che gli apparteneva, ma ogni cosa era fra loro in comune" (*At* 4,32)? Come poteva non essere totale il "consenso nelle cose divine e umane, unito a carità e benevolenza" tra coloro che avevano un cuor solo e un'anima sola? Quanti martiri hanno dato la vita per i loro fratelli, quanti non hanno badato a spese, a fatiche, alle stesse torture. Penso che tu abbia letto la storia di quella ragazza di Antiochia che un soldato, con astuzia, strappò dalla strada, diventando poi suo compagno nel martirio dopo essere stato nella strada custode della sua purezza.

Potrei portarti molti altri esempi, se il loro numero non fosse eccessivo. Cristo Gesù infatti ha annunziato e proclamato il Vangelo, ed essi si sono moltiplicati oltre ogni misura. Ha detto: "Nessuno ha un amore più grande di questo: dare la vita per i propri amici" (*Gv* 15,13).

Giovanni: Allora tu dici che tra l'amicizia e la carità non c'è nessuna differenza?

Aelredo: C'è invece, e grande. Dio ha infatti voluto che siano molti di più quelli che accogliamo con la carità di quelli che ammettiamo all'abbraccio dell'amicizia. La legge della carità ci porta ad accogliere con amore non solo gli amici, ma anche i nemici (cfr. *Mt* 5,44). Noi però chiamiamo amici solo quelli cui non temiamo di affidare il nostro cuore con tutto quello che ha dentro, e così fanno anche loro, stringendosi a noi in un legame che ha la sua legge e la sua sicurezza nella fiducia reciproca.

I vari tipi di amicizia: carnale, mondana, spirituale.

Giovanni: Però ci sono di quelli che, seguendo il mondo e avendo in comune certi vizi, si legano l'uno all'altro in un patto del genere, vivendo in un vincolo amicale. Vorresti spiegarmi quale, fra tante forme di amicizia, possa essere detta, a differenza delle altre, "spirituale"? Mi pare, infatti, che l'amicizia spirituale risulti in qualche modo oscurata dalle altre forme, che per giunta sembrano più attraenti. Mi aiuterai così a distinguerla da ciò che la accomuna alle altre, così risulterà più chiara, e quindi più desiderabile. Così tutti opereremo con più decisione per conquistarla e farla nostra.

Aelredo: Non hanno il diritto di usare il nobilissimo nome dell'amicizia quelli che sono uniti dalla connivenza nel vizio: chi non ama, infatti, non è un amico, e non ama l'uomo colui che ama l'iniquità. Chi ama l'iniquità non ama, ma odia la sua anima, e chi non ama la sua anima tanto meno può amare quella di un altro. Questa gente si vanta di un'amicizia che è tale solo di nome: sono ingannati da qualcosa che ne è solo la scimmiottatura, non la possiedono nella realtà. Se poi, in un'amicizia del genere, cioè sporcata dall'avarizia o disonorata dalla lussuria, si può sperimentare il sentimento, pensa a quanta gioia in più si riversa su un'amicizia che quanto più è onesta tanto più è sicura, quanto più è pura tanto più è gioiosa, quanto più è libera tanto più è felice. Comunque, dal momento che a livello di sentimenti si avverte una certa somiglianza, lasciamo pure per un momento che in base a questo fatto vengano chiamate amicizie anche quelle che non sono vere, purché però esse vengano distinte con segni chiari e certi da quella che è spirituale, e dunque vera.

Diciamo che l'amicizia può essere: carnale, mondana, spirituale. Quella carnale nasce dalla sintonia nel vizio; quella mondana sorge per la speranza di un qualche guadagno: quella spirituale si consolida fra coloro che sono buoni, in base ad una somiglianza di vita, di abitudini, di gusti e aspirazioni .

L'amicizia carnale nasce dal solo sentimento, cioè da quel tipo di emotività che, come una prostituta, allarga le gambe davanti a tutti quelli che le passano accanto, seguendo il vagare di occhi e orecchi verso l'impurità. Da queste porte si intrufolano nella mente immagini voluttuose, e si pensa che la felicità stia nel goderne a piacere, e che il divertimento sia maggiore se si trova qualcuno con cui condividerlo. Si mettono allora in moto gesti, segni, parole e adulazioni con cui un animo cerca di accattivare l'altro. L'uno attizza il fuoco nell'altro fino a fondersi in una sola cosa. Una volta raggiunto uno squallido accordo, arrivano a fare o a subire l'uno per l'altro qualsiasi cosa e si convincono che non ci sia niente di più dolce e di più giusto di una simile amicizia: "volere le stesse cose, rifiutare le stesse cose", ritenendo così di obbedire alle leggi dell'amicizia. Un'amicizia del genere non nasce da una scelta deliberata, non è messa alla prova dal giudizio, non è diretta dalla ragione, ma è spinta qua e là sotto l'urgenza disordinata del semplice sentimento. Una simile amicizia non osserva misura alcuna, non cerca cose oneste, non si sforza di prevedere ciò che è utile e ciò che non lo è, ma si butta su tutto in modo sconsiderato, imprudente, superficiale ed eccessivo. Così, come agitata dalle furie, si autodistrugge e, con quella stessa leggerezza con cui era nata, prima o poi si spegne.

L'amicizia mondana, invece, quella che nasce dal desiderio di cose o beni temporali, è sempre piena di frodi e inganni. In essa niente è certo, niente è costante, niente è sicuro, proprio perché tutto cambia col volgere della fortuna e... della borsa. Per questo sta scritto: "C'è infatti chi è amico quando gli fa comodo, ma non resiste nel giorno della tua sventura" (*Sir* 6,8). Se togli la speranza di guadagnare, subito sparirà anche l'amico. Questa amicizia è stata ridicolizzata con versi eleganti: "Non della persona, ma della prosperità è amico colui che la dolce fortuna trattiene, ma quella amara mette in fuga". Però, a volte, ciò che fa nascere questo tipo di amicizia viziosa conduce alcuni a un certo grado di amicizia vera: mi riferisco a quelli che all'inizio, in vista di un guadagno comune, contraggono un legame di fiducia reciproca che resta sì basato sul denaro iniquo, ma almeno nelle cose umane raggiungono una grande sintonia. Però questa amicizia non può in alcun modo essere ritenuta vera, dato che nasce e rimane fondata solo sulla base di un vantaggio temporale.

L'amicizia spirituale, infatti, quella che noi chiamiamo vera, è desiderata e cercata non perché si intuisce un qualche guadagno di ordine terreno, non per una causa che le rimanga esterna, ma perché ha valore in se stessa, è voluta dal sentimento del cuore umano, così che il "frutto" e il premio che ne derivano altro non sono che l'amicizia stessa. Proprio come dice il Signore nel Vangelo: "Io ho scelto voi e vi ho costituiti perché andiate e portiate frutto"

(*Gv* 15,16), cioè perché vi amiate a vicenda (cfr. *Gv* 15,17). È infatti nell'amicizia stessa, quella vera, che si progredisce camminando, e si coglie il frutto gustando la dolcezza della sua perfezione. L'amicizia spirituale nasce tra i buoni per una somiglianza di vita, di abitudini, di aspirazioni, ed è una sintonia nelle cose umane e divine, piena di benevolenza e di carità. Mi pare che questa definizione basti a esprimere l'idea di amicizia, purché intendiamo il termine "carità" in senso cristiano, cosicché si escluda dall'amicizia ogni vizio, e con "benevolenza" si intenda lo stesso sentimento d'amore che proviamo interiormente insieme a una certa dolcezza. Dove c'è un'amicizia di questo genere, vi è certamente "il volere e il rifiutare le stesse cose"; cioè un sentire che è tanto più dolce quanto più è sincero, tanto più bello quanto più è sacro, al punto che gli amici non possano neppure volere ciò che è male, o non volere ciò che è bene. Un'amicizia così è guidata dalla prudenza, è retta dalla giustizia, è custodita dalla fortezza, è moderata dalla temperanza. Di questo però parleremo più avanti. Adesso dimmi se ho risposto in modo adeguato alla tua prima domanda, cioè cos'è l'amicizia.

Giovanni: Quello che hai detto mi basta, e non mi sembra di avere altro da chiederti. Ma prima di passare ad un altro punto, desidero sapere come nasce l'amicizia tra di noi. Nasce dalla natura, o dal caso, o da una qualche necessità? È una legge insita al genere umano? È la stessa esistenza che ci spinge a ricercarla?

L'origine, lo sviluppo dell'amicizia e la legge

Aelredo: Mi sembra che il sentimento di amicizia sia stato anzitutto impresso nell'animo umano dalla stessa natura; l'esperienza poi lo ha sviluppato e, infine, l'autorità della legge ne ha stabilito le regole. Dio, infatti, che è infinitamente buono e potente, è un bene che basta a se stesso: è lui il proprio bene, la propria gioia, la propria gloria, la propria beatitudine. Non ha bisogno di nient'altro all'infuori di sé, né di un uomo, né di un angelo, né del cielo, né della terra, né di alcuna delle cose che vi si trovano. Davanti a lui ogni creatura riconosce: Sei tu il mio Dio, perché non hai bisogno dei miei beni. Non solo Dio basta a se stesso, ma è anche ciò che costituisce la pienezza di tutti gli esseri: ad alcuni dà l'esistenza, ad altri la vita sensitiva, ad altri ancora l'intelligenza, ed è lui la causa di tutto ciò che esiste, la vita di tutto ciò che è sensibile, la sapienza di tutto ciò che è intelligente. Lui, che è il sommo bene, ha stabilito tutte le cose, le ha disposte con ordine e armonia, ciascuna al suo posto, e le ha distinte e distribuite ciascuna nel suo tempo definito. Ma volle pure, perché così stabilì la sua eterna sapienza, che tutte le sue creature si armonizzassero nella pace, si unissero in società, cosicché tutte traessero da lui, che è la perfetta unità, una qualche unità. Per questo motivo non ha lasciato nella solitudine nessuna specie creata, ma di ogni moltitudine ha saputo fare una sorta di corpo solidale.

Se vogliamo cominciare dalle cose insensibili, chiediamoci in quale terreno, o in quale fiume, si trovi un'unica pietra di un solo tipo, o quale foresta abbia un unico albero di una sola specie. Così, tra le stesse creature insensibili si nota una sorta di amore della compagnia, dato che nessuna di queste creature è sola, ma è creata e mantenuta in società con qualche altra della sua specie. E come descrivere in modo adeguato con quale bellezza risplende nelle creature sensibili l'immagine dell'amicizia, della compagnia e dell'amore? In molte cose le creature sensibili si rivelano irrazionali, ma sotto questo aspetto imitano a tal punto l'animo umano da sembrare spinte dalla ragione. Si inseguono, giocano tra di loro, esprimono e manifestano l'affetto che le lega con movimenti e suoni, godono della reciproca compagnia con tale avidità e tanta gioia da sembrare che non si curino d'altro che di vivere l'amicizia.

Anche riguardo alle creature spirituali, agli angeli, la divina sapienza ha agito in modo che non ne fosse creato uno solo, ma moltitudini. Tra loro la piacevole compagnia e l'amore perfetto creò una medesima volontà, un medesimo affetto, al punto che nessuno poté sentirsi superiore o inferiore all'altro, e la carità dell'amicizia tolse spazio all'invidia. Così la moltitudine eliminò la solitudine e la comunione della carità aumentò in tutti la gioia.

Infine, quando creò l'uomo, per raccomandare con maggior forza il bene della compagnia disse: "Non è bene che l'uomo sia solo: gli voglio fare un aiuto che gli sia simile" (*Gen* 2,18). E la divina bontà non formò questo aiuto con una materia simile o uguale, ma per esprimere in modo più chiaro la sua intenzione di favorire la carità e l'amicizia, creò la donna dalla stessa sostanza dell'uomo. È bello che il secondo essere umano venga tolto dal fianco del primo: così la natura vuole insegnarci che tutti gli esseri umani sono uguali, quasi collaterali, e che nelle cose umane non c'è né superiore né inferiore, il che costituisce l'essenza stessa dell'amicizia. Così, fin dal principio, la natura stessa ha impresso nello spirito umano il desiderio dell'amicizia e della carità, un desiderio che il sentimento interiore dell'amore presto intensificò dandogli un certo gusto di dolcezza.

Ma dopo la caduta del primo uomo, quando con il raffreddarsi della carità subentrò nel mondo l'avidità, che portò a preferire l'egoismo alla solidarietà, l'avarizia e l'invidia offuscarono lo splendore dell'amicizia e della carità, e introdussero nei costumi ormai corrotti dell'umanità contese, rivalità, odi e sospetti. Allora si cominciò a distinguere tra carità e amicizia, avvertendo che l'amore era dovuto anche ai nemici e ai perversi, ma essendo anche evidente che tra i buoni e i malvagi non poteva esserci alcuna comunione di volontà e di propositi. L'amicizia, che all'inizio era vissuta, come la carità, da tutti e con tutti, rimase confinata per legge naturale a pochi. Questi, vedendo come molti violassero le leggi della lealtà e della solidarietà, si legarono tra di loro in un patto più stretto di amore e di amicizia così da trovare, in mezzo ai mali che vedevano e pativano, ristoro e quiete nella grazia dell'amore reciproco. Bisogna dire però che anche nelle persone in cui la vita disonesta aveva cancellato ogni senso di virtù, la ragione, che in essi non poteva spegnersi, lasciò in loro l'inclinazione verso l'amicizia e la compagnia, al punto che le ricchezze non potevano piacere all'avaro, o la gloria all'ambizioso, o il piacere al lussurioso, se non c'era qualcuno insieme al quale goderne. Anche tra le persone peggiori, infatti, si strinsero legami detestabili, che vennero nascosti sotto il nome dell'amicizia, ma che dovettero essere distinti da questa con giuste regole, per evitare che, ingannati da una qualche somiglianza, quelli che cercavano l'amicizia vera cadessero incautamente in quella sbagliata. Così l'amicizia, insita nella natura e rafforzata dall'esperienza, è stata alla fine regolata dall'autorità della legge.

L'amicizia e la sapienza

È chiaro quindi che l'amicizia è naturale come la virtù, come la sapienza, e come tutte quelle cose che, per la loro bontà naturale, sono da desiderare e da praticare per se stesse. Tutti quelli che le posseggono, poi, sanno farne un buon uso, e nessuno ne abusa.

Giovanni: Scusami, ma non sono tanti quelli che abusano della scienza o ne traggono motivo per vantarsi di fronte agli altri o si insuperbiscono o se ne servono in modo affaristico e venale, così come altri usano la loro apparente bontà per far soldi?

Aelredo: Qui potrà risponderti sant'Agostino, che ha scritto: "Chi piace a se stesso piace a uno stupido, perché è certamente uno stupido chi si compiace di sé". Chi è stupido non è sapiente, e chi non è sapiente, non avendo la sapienza, non sa di niente. Come potrebbe dunque usare male la sapienza colui che sapiente non è? Allo stesso modo una castità piena di superbia non è una vera virtù, perché la superbia, che è un vizio, rende conforme a sé quella che era ritenuta una virtù, e perciò questa castità non è una virtù, ma un vizio abilmente camuffato.

Giovanni: Ti dirò con franchezza che non mi sembra logico che tu abbia collegato la sapienza con l'amicizia, dato che non è possibile fare alcun paragone tra le due.
Aelredo: Spesso le cose piccole e le grandi, le buone e le migliori, le deboli e le forti, anche se non coincidono, vengono accostate, soprattutto quando si tratta di virtù: se è vero che sussistono fra loro differenze di grado, ci sono però delle somiglianze che le avvicinano. Per esempio, la

vedovanza è vicina alla verginità, la castità coniugale è vicina alla vedovanza, e anche se tra queste virtù c'è una grande diversità, tuttavia, proprio perché sono virtù, si può stabilire tra loro un qualche rapporto. La continenza coniugale non cessa di essere una virtù per il fatto che la castità vedovile sta su un gradino più alto, e anche se la verginità scelta per amore è ancora migliore, non per questo viene eliminata la bontà delle altre due.

Se fai bene attenzione a quanto ho detto dell'amicizia, troverai che essa è così vicina alla sapienza, e ne è così piena, che potrei affermare senza timore che l'amicizia altro non è che la sapienza.

Giovanni: Ti confesso che la cosa mi sorprende, e penso che non ti sarà facile convincermi di quanto hai detto.

Aelredo: Hai dimenticato quello che dice la Scrittura? "Un amico vuol bene sempre" (*Pr* 17,17). E ti ricordi quello che dice il nostro san Gerolamo: "Un'amicizia che può finire non è mai stata un'amicizia vera"? Che poi l'amicizia non possa sussistere senza la carità lo abbiamo dimostrato molto bene. Visto che l'amicizia è eterna, è fondata sulla verità e vi si gusta la dolcezza della carità, come pensi che sia possibile escludere da queste tre cose la sapienza?

Giovanni: Che discorso è questo? Allora posso dire dell'amicizia quello che l'apostolo Giovanni, l'amico di Gesù, dice della carità, che cioè "Dio è amicizia"?
Aelredo: Veramente non si dice così. Questa espressione non la si trova nella Scrittura. Però non esito ad applicare

all'amicizia la frase dove l'apostolo Giovanni parla della carità: "Chi sta nell'amore dimora in Dio e Dio dimora in lui" (*1Gv* 4,16). La cosa ti apparirà ancora più chiara quando cominceremo a parlare dei frutti dell'amicizia. Ora, se per quello che ha potuto fare la mia povera intelligenza, ho detto abbastanza su cosa sia l'amicizia, rimandiamo ad altro momento l'esame degli altri punti che mi hai chiesto di analizzare.

Giovanni: A dire il vero, per il desiderio che ho di ascoltarti, questo rinvio mi fa davvero soffrire. Concludiamo, visto che è l'ora della cena. È poi non possiamo far attendere gli altri, visto che devi ancora incontrarli.

LIBRO

2

Il dialogo fra Aelredo e Marco

Aelredo: Vieni pure, fratello, dimmi per quale motivo, mentre io parlavo con altre persone, te ne stavi seduto tutto solo, lontano da noi. Ti ho visto, guardavi da una parte e dall'altra, ti passavi una mano sulla fronte, ti toccavi i capelli con le dita, a volte mostravi sul volto il fastidio per qualcosa che non ti andava, manifestando chiaramente la tua disapprovazione.

Marco: È vero. Come si può rimanere in pace tutto il giorno vedendo che certi "esattori del faraone" godono abbondantemente della tua compagnia, mentre noi, a cui devi una particolare dedizione, non riusciamo ad avere neanche un breve colloquio con te?

Aelredo: Dobbiamo trattare con tutti, anche con quelli che possono procurarci dei favori o crearci dei guai. Però, ora che finalmente se ne sono andati, la serenità della solitudine mi è tanto più gradita quanto più insopportabile era l'agitazione di prima. Si dice che "la fame sia un ottimo condimento del cibo"! Il miele o qualsiasi altro aroma non rendono il vino così gustoso quanto la sete rende desiderabile l'acqua. Questo incontro sarà per te come un cibo o una bevanda spirituale tanto più gradita quanto più forte è stato il desiderio che l'ha preceduto. Coraggio, dunque, e non esitare a dirmi tutto quello che poco fa ti preparavi a far uscire dal tuo cuore agitato.

Marco: Certo che lo faccio. Se infatti mi lamentassi perché il tempo che quelli ci hanno lasciato è troppo breve, ne perderei ancora di più. Dimmi per favore, se ancora lo ricordi quello che una volta tu e Giovanni vi eravate detti a proposito dell'amicizia spirituale: quali domande ti aveva fatto? A che punto eravate rimasti? Hai scritto qualcosa sull'argomento?

Aelredo: Il ricordo del carissimo Giovanni, anzi, l'abbraccio costante del suo affetto mi è sempre così presente che, anche se ora ci è stato tolto, nel mio cuore è più vivo che mai. Lui è sempre con me. Più mi vedo splendere davanti l'intensità spirituale del suo volto; più mi sorride la dolcezza dei suoi occhi; più le sue parole piene di gioia mi danno un tale gusto che mi sembra di essere stato con lui in paradiso, o che lui stia ancora conversando con me su questa terra. Sai però che sono passati molti anni da quando ho perduto quel breve scritto in cui avevo fissato le sue domande e le mie risposte a proposito dell'amicizia spirituale.

Marco: Lo so. Ma, per dir la verità, tutta la mia avidità e la mia impazienza nascono proprio dal fatto che - come mi ha detto qualcuno - quello scritto è stato ritrovato e ti è stato consegnato tre giorni fa. Ti prego, fammelo vedere! Non mi darò pace finché, dopo averlo letto e dopo aver visto ciò che manca, potrò sottoporre all'esame della tua attenzione paterna ciò che o la mia mente o un'ispirazione segreta mi suggeriranno di chiederti: così tu potrai dire se dissenti da ciò che penso o se sei d'accordo, oppure approfondire quei punti che lo richiedono.

I frutti dell'amicizia

Aelredo: Farò come desideri. Però voglio che tu legga da solo ciò che ho scritto, e che non lo mostri in pubblico, perché ritengo che ci siano alcune cose da togliere, altre da aggiungere, e sicuramente parecchi punti da correggere.

Marco: Sono qui per questo, tanto più avido di sapere quanto più dolce è stato il gusto per le cose che ho letto sull'amicizia. Visto che ho già letto quanto hai magnificamente esposto sulla natura dell'amicizia, vorrei che mi dicessi quali vantaggi procura a chi la coltiva. Si tratta, infatti, come tu hai saputo dimostrare, di una cosa di grande importanza. Sarà dunque tanto più forte il desiderio che ci spingerà a cercarla quanto meglio ne conosceremo il fine e i frutti.

Aelredo: Non pretendo di riuscire a darti una spiegazione che sia all'altezza di un bene così grande: nelle cose umane, infatti, non possiamo desiderare niente di più santo e di più utile; niente è più difficile da trovare, niente si può sperimentare di più dolce e niente è più ricco di frutti. L'amicizia, infatti, porta i suoi frutti nella vita presente e in quella futura. L'amicizia dà gusto, con la sua soavità, a tutte le virtù, con la sua forza seppellisce i vizi, addolcisce le avversità, modera la prosperità, così che senza un vero amico quasi niente tra le cose umane può essere fonte di gioia. Un uomo senza amici è come una bestia, perché non ha chi si rallegri con lui quando le cose gli vanno bene; non ha chi condivida la sua tristezza nei momenti di dolore; gli manca uno con cui sfogarsi quando la mente è angustiata per qualche preoccupazione, o qualcuno cui poter comunicare qualche intuizione geniale o più luminosa del solito. Guai a chi è solo, perché se cade non ha chi lo sollevi. Colui che è senza amici vive nella solitudine più totale. E invece, quale felicità, quale sicurezza, quale gioia avere uno "con cui tu abbia la libertà di parlare come a te stesso", uno cui poter confidare senza timore i tuoi sbagli, uno al quale poter rivelare senza arrossire i tuoi progressi nella vita spirituale, uno cui affidare tutti i segreti e tutti i progetti del tuo cuore! Cosa può esserci di più gioioso dell'unione di un animo con un altro, di due che diventano uno al punto che sparisce la paura della prepotenza, o il timore indotto dal sospetto, e la correzione di uno non fa soffrire l'altro, né la lode può essere presa come adulazione? Un amico, dice il Sapiente, è una medicina per la vita.

Eccellente, davvero! Non c'è, infatti, in tutto quanto può capitarci in questa vita, medicina migliore, più valida o più efficace per le nostre ferite, che l'avere un amico che venga a dividere con noi i momenti di sofferenza e i momenti di gioia, così che spalla a spalla, come dice l'Apostolo, portiamo gli uni i pesi degli altri, meglio, uno sopporta più facilmente i propri mali che quelli dell'amico. L'amicizia, dunque, "rende più splendida la buona sorte e più lievi le avversità condividendole e mettendole in comune". L'amico è veramente una medicina eccellente per la vita. Su questo concordano anche i pagani, i quali dicevano: "molto spesso ci serviamo più dell'amico che non dell'acqua o del fuoco" In ogni azione, in ogni progetto, nelle certezze e nei dubbi, in qualsiasi evenienza, in qualsiasi occasione, in segreto e in pubblico, quando abbiamo bisogno di un consiglio, in casa e fuori, dovunque, l'amicizia fa piacere, l'amico è necessario, il suo aiuto è prezioso. Gli amici, come dice Cicerone, "sono presenti anche se sono assenti, sono ricchi anche se poveri, sono forti anche se deboli e, cosa ancor più difficile, anche se morti, vivono". L'amicizia, quindi, è la gloria di chi è ricco, la patria di chi è in esilio, la ricchezza di chi è povero, la medicina di chi è malato, la vita di chi è morto, la grazia di chi è sano, la forza di chi è debole, il premio di colui che è forte. Questo è l'onore, il ricordo, l'apprezzamento e il rimpianto che si accompagna agli amici, a coloro la cui vita ci appare degna di lode, e la morte preziosa. Ma c'è ancora una cosa che supera tutte le precedenti: l'amicizia è a un passo dalla perfezione che consiste nell'amore e nella conoscenza di Dio, cosicché un uomo, in virtù dell'amicizia che ha verso un altro uomo, diventa veramente amico di Dio, secondo quanto dice il Signore nel Vangelo: "Non vi chiamo più servi, ma amici". Marco: Devo confessarti che le tue parole mi commuovono e accendono nel mio animo un desiderio di amicizia così grande da credere che non riuscirei a vivere qualora mi mancasse la ricchezza di un bene così grande. Però vorrei che tu mi spiegassi più ampiamente quest'ultima cosa che hai detto, e che mi ha toccato a tal punto da strapparmi quasi dalla realtà terrena, cioè che l'amicizia costituisce il gradino più alto verso la perfezione. È una fortuna che sia entrato proprio in questo momento Luca, lui che a ragione potremmo definire "discepolo dell'amicizia", visto che il suo impegno costante è quello di "essere amato e di amare". È un bene che sia qui, perché non gli capiti che, avido com'è di amicizie, e ingannato da ciò che ne è solo una parvenza, prenda per vera un'amicizia che è falsa, oppure per solida una che è fragile o per spirituale un'amicizia che è del tutto carnale.

Luca: Ti ringrazio per la tua cortesia, fratello, dato che mi concedi di prender parte a questo incontro spirituale, pur non essendo stato invitato. Anzi, a dire il vero mi sono inserito nel vostro discorso senza neanche chiedere il permesso. Devo ammettere che, se mi hai chiamato sul serio, e non per scherzo, "discepolo dell'amicizia", avrei dovuto essere invitato qui fin dall'inizio della conversazione, così non sarei stato costretto a tradire la mia avidità, vincendo la mia riservatezza. Ma tu, padre, continua la tua esposizione, e metti sulla tavola qualcosa per me: anche se non potrò "mangiare" come Marco che, dopo aver divorato chissà quanti piatti, ora fa lo schizzinoso e sembra volermi offrire solo i suoi resti, avrò almeno qualche briciola.

L'amicizia: un gradino verso Dio

Aelredo: Non avere di questi timori, perché sul bene dell'amicizia abbiamo ancora tante cose da dire che, se una persona saggia volesse proseguire il discorso, ti accorgeresti che quanto ho detto fin qui è poca cosa.

Ora, in breve, in che modo l'amicizia costituisce un gradino che porta all'amore e alla conoscenza di Dio? Nell'amicizia, non può esserci niente di disonesto, niente che sia finto o simulato, in essa tutto è puro, spontaneo e vero. Questa è proprio la caratteristica della carità. La qualità particolare dell'amicizia risplende nel fatto che fra coloro che sono uniti nel vincolo dell'amicizia tutto è fonte di gioia, tutto dà una sensazione di sicurezza e di dolcezza. In nome della carità perfetta noi amiamo molti che ci sono di peso e ci fanno soffrire: ci occupiamo di loro in tutta onestà, senza finzioni o simulazioni, ma con sincerità e buona volontà, e però non li ammettiamo nell'intimità della nostra amicizia. Nell'amicizia, invece, si ricongiungono l'onestà e la dolcezza, la verità e la gioia, l'amabilità e la buona volontà, il sentimento e l'azione. Tutte queste cose vengono da Cristo, maturano grazie a lui, e in lui raggiungono la perfezione. Dunque non è troppo impervio né innaturale il cammino che, partendo da Cristo che ispira in noi l'amore con cui amiamo l'amico, sale verso di lui che ci offre se stesso come amico da amare: cosi si aggiunge meraviglia a meraviglia, dolcezza a dolcezza, affetto ad affetto.

I VARI TIPI DI AMICIZIA: I TRE BACI

L'amico, dunque, che nello spirito di Cristo entra in sintonia con un altro amico, diventa con lui un cuor solo e un'anima sola, e così, salendo insieme i diversi gradini dell'amore fino all'amicizia di Cristo, diventa un solo spirito con lui in un unico bacio. Questo era il bacio che un'anima santa desiderava quando diceva: "Mi baci con il bacio della sua bocca". Consideriamo adesso le caratteristiche di questo bacio carnale, per poter passare dalle cose carnali a quelle spirituali, da quelle umane a quelle divine. La vita dell'uomo si sostenta con due alimenti: il cibo e l'aria. Senza il cibo si può sopravvivere per un po', ma senza l'aria neanche un'ora. Per vivere, con la bocca inspiriamo aria e la espiriamo. E ciò che viene inspirato o espirato lo chiamiamo "spirito", o "fiato". Per questo diciamo che in un bacio due fiati si incontrano, si mischiano e si uniscono. Da qui nasce una sensazione gradevole che stimola il sentimento di quelli che si baciano e li stringe l'uno all'altro. C'è dunque un bacio corporale, un bacio spirituale e un bacio intellettuale. Il bacio corporale si fa unendo le labbra, il bacio spirituale unendo gli animi, il bacio intellettuale con l'infusione della grazia mediante lo Spirito di Dio.

Il bacio corporale

Il bacio corporale si deve dare e ricevere solo a certe condizioni che lo rendono onesto: per esempio, come segno di riconciliazione, quando due che prima erano nemici ridiventano amici; come segno di pace, quando coloro che stanno per ricevere l'Eucaristia esprimono esternamente col bacio la pace che hanno nel cuore; come segno di amore, tra lo sposo e la sposa, oppure tra amici che si incontrano dopo una lunga assenza; come segno dell'unità cattolica, come si usa fare quando si riceve un ospite. Ma come molti usano cose buone per natura - come l'acqua, il fuoco, il ferro, il cibo e l'aria - per farne strumento della propria cattiveria o della propria voluttà, così persone perverse e turpi si servono di questo bene, voluto dalla legge naturale per esprimere le cose di cui abbiamo parlato, per addolcire in qualche modo i loro misfatti, sporcando il fatto stesso del baciare in modo così vergognoso che un bacio del genere non è che adulterio. Ogni persona onesta si rende conto di quanto sia detestabile e odioso un simile bacio, che deve essere evitato e rifiutato.

Il bacio spirituale

Viene ora il bacio spirituale, caratteristico di quegli amici che sono legati dalla vera legge dell'amicizia. Non è un contatto della bocca, ma un sentimento del cuore; non è un congiungere le labbra, ma un fondere gli spiriti, e lo Spirito di Dio che rende pura ogni cosa infonde con la sua presenza il gusto delle realtà celesti. Non troverei sconveniente chiamare questo bacio il bacio di Cristo, perché in realtà è lui che lo dà, non direttamente con la sua bocca, ma con quella dell'amico, ed è lui che ispira in quelli che si amano quell'infinito affetto che li fa sentire uniti al punto da sembrar loro che in corpi diversi abiti una sola anima, fino a dire con il Profeta: "Come è bello e gioioso stare insieme come fratelli".

Il bacio intellettuale

Allora l'animo abituato a questo bacio, sapendo che tutta questa dolcezza viene da Cristo, si trova a riflettere e a dire: "Se venisse lui, in persona!", e così desidera il bacio intellettuale, e con tutto la forza del desiderio dice: "Baciami con i baci della tua bocca", e allora, calmati gli affetti terreni, e assopiti gli affanni e i desideri di questo mondo, troverò la mia gioia solo nel bacio di Cristo, e mi riposerò nel suo abbraccio, e dirò al colmo della felicità: "La sua sinistra mi sostiene il capo, e la sua destra mi abbraccia".

Luca: Mi pare che un'amicizia così non sia comune, né assomiglia a quella che noi di solito immaginiamo e vediamo. Non so cosa ne pensi Marco; per conto mio ho sempre ritenuto che l'amicizia non sia altro che un'identità di vedute tra due persone, così che uno non voglia quello che non vuole l'altro, ma ci sia una tale sintonia nella buona e nella cattiva sorte che quello che uno possiede, vita, ricchezza, onore o qualsiasi altra cosa, sia condiviso con l'altro perché ne usi secondo il suo desiderio.

Marco: Ricordo di aver imparato cose molto diverse dal primo dialogo: è stata proprio la definizione dell'amicizia che là è stata data che ha suscitato in me il grande desiderio di riesaminare tutto con maggiore profondità, per vedere quali frutti produca. Visto che su questo sappiamo già abbastanza, dobbiamo proporci di determinare quali siano i limiti dell'amicizia e fin dove possa arrivare, anche perché ci sono pareri diversi in proposito. Ci sono alcuni che ritengono di dover aiutare l'amico anche contro la lealtà, contro l'onestà e contro il bene comune o privato.

Altri ritengono che, fatta eccezione per la lealtà, tutto il resto sia permesso. Altri ancora pensano che, per l'amico, uno debba disprezzare il denaro, rifiutare gli onori, subire l'inimicizia dei potenti, accettare anche l'esilio se è il caso, perfino perdere la faccia in azioni turpi e disoneste, purché non ne venga un danno alla collettività o non si rovini un altro contro il lecito. C'è anche chi pone in questo la meta dell'amicizia: provare per l'amico gli stessi sentimenti che uno prova per se stesso. Altri credono di soddisfare alle esigenze dell'amicizia ricambiando ogni volta il favore o il servizio ricevuto dall'amico. Questa nostra conversazione mi ha fatto capire che non si può accettare nessuna di queste opinioni. Quindi ti prego di fissare per l'amicizia dei confini che siano certi, soprattutto per il nostro Luca, perché non capiti che, volendo fare il bene, finisca incautamente col comportarsi male.

Luca: Ti sono grato per la sollecitudine che hai nei miei confronti; potrei anche restituirti subito il favore, se non me lo impedisse la voglia di imparare. Allora ascoltiamo insieme quale può essere la risposta alle tue domande.

Aelredo: Un confine preciso all'amicizia è stato posto da Cristo stesso, quando ha detto: "Nessuno ha un amore più grande di chi offre la sua vita per gli amici". Ecco fino a dove deve tendere l'amore tra gli amici: che siano disposti a morire l'uno per l'altro. Vi basta?

Luca: Dato che non può esserci amicizia più grande, perché non dovrebbe bastare?
Marco: Diremo allora che, se dei malviventi o dei pagani sono d'accordo nel perpetrare crimini e malvagità e si

amano a tal punto da essere disposti a morire l'uno per l'altro, sono arrivati al vertice dell'amicizia?

Aelredo: Nemmeno per sogno: non può esserci amicizia tra malviventi.

Luca: Allora, per favore, spiegaci tra quali persone l'amicizia può nascere e durare per sempre.

Tra chi può nascere l'amicizia

Aelredo: Te lo dico subito. Può nascere tra i buoni, progredire tra i migliori, raggiungere la perfezione tra i perfetti. Fino a quando uno si compiace volutamente nel fare il male, o propone a gente onesta cose disoneste, finché preferisce il piacere alla purezza, la temerarietà alla moderazione, l'adulazione alla correzione, come potrà costui anche solo aspirare all'amicizia, dal momento che essa nasce dalla stima per la virtù? Sarebbe difficile, anzi impossibile, gustarne anche solo gli inizi se non se ne conosce l'origine. È un amore sporco e indegno del nome di amicizia, quello in nome del quale si esige qualcosa di turpe dall'amico che, non avendo ancora vinto le sue debolezze, è spinto dalla necessità a fare qualsiasi cosa illecita gli venga proposta o imposta. Per questo va decisamente rifiutata l'opinione di quelli che ritengono si possa fare per l'amico qualcosa che vada contro la lealtà e l'onestà. Non c'è nessuna scusa per il peccato, anche se è stato fatto per amore di un amico. Il nostro progenitore Adamo avrebbe fatto molto meglio a rimproverare alla moglie la sua superbia piuttosto che assecondarla nell'appropriarsi di ciò che era proibito.

I servi del re Saul furono molto più fedeli al loro signore rifiutando di eseguire il suo ordine di spargere sangue di quanto non lo fu Doeg l'Idumeo che, fattosi interprete della crudeltà del re, uccise con mano sacrilega i sacerdoti del Signore. Anche Ionadab, l'amico di Amon, avrebbe fatto meglio a impedire all'amico l'incesto piuttosto che indicargli come impadronirsi di ciò che desiderava. La virtù d'amicizia non può scusare neppure gli amici di Assalonne che, unendosi a lui nella rivolta, presero le armi contro la collettività. E per parlare di cose a noi contemporanee, ha fatto molto meglio Ottone, cardinale della Chiesa romana, ad allontanarsi da Guido, che pure gli era molto amico, di quanto non abbia fatto Giovanni, che ha aderito a uno scisma tanto grave per l'amicizia che lo legava a Ottaviano. Vedete, dunque, che l'amicizia non può sussistere se non tra chi è buono.

Marco: Ma allora noi cosa abbiamo a che fare con l'amicizia, visto che proprio buoni non siamo?

Aelredo: Quando dico "buono" non intendo dare alla parola un senso assoluto come fanno quelli che ritengono buono solo chi ha raggiunto la perfezione. Dico che è buono quell'uomo che, secondo le capacità della nostra comune natura, vivendo in questo mondo con sobrietà, giustizia e pietà non chiede niente di disonesto ad alcuno né, se richiesto, si presta a fare qualcosa di male. Tra persone così non esito a dire che l'amicizia può nascere, conservarsi e giungere a perfezione. Ma quelli che, purché sia rispettata la fedeltà all'amico e sia evitato un danno alla collettività o una lesione dell'altrui diritto, si prestano ad assecondare le voglie dei loro amici, non li chiamerei sciocchi quanto piuttosto insensati: hanno riguardo per gli altri, ma non per se stessi; si danno da fare per la reputazione altrui, e mettono miseramente a repentaglio la propria.

L'amicizia fra sollecitudini e preoccupazioni

Marco: Quasi quasi sono d'accordo con quelli che dicono che bisogna guardarsi dall'amicizia, perché comporta innumerevoli affanni e preoccupazioni, non è priva di timori, e porta con sé molte sofferenze. Abbiamo già tanti problemi per conto nostro, è imprudente, dicono alcuni, legarsi agli altri al punto da essere coinvolti in tanti affanni, afflizioni e fastidi. Inoltre ritengono che niente sia più difficile del conservare per sempre l'amicizia, e, d'altra parte, sarebbe molto brutto iniziare un'amicizia per poi vederla tramutata in odio. Per questo pensano che sia meglio legarsi ad una persona, mantenendo la libertà di poterla abbandonare in ogni momento; insomma, "tenere sciolte le briglie dell'amicizia in modo da poterle tirare o allentare a piacere".

Luca: Avremmo proprio faticato per niente allora, tu a parlare e noi ad ascoltare, se il nostro desiderio di amicizia svanisse con tanta facilità, dopo che tu in tanti modi ce l'hai raccomandata come cosa estremamente utile e santa, tanto gradita a Dio e tanto vicina alla perfezione. Lasciamo pure questa opinione a chi desidera amare oggi in modo tale da esser libero di odiare domani; a chi vuole essere amico di tutti senza essere fedele a nessuno; a chi oggi è pronto alla lode e domani all'insulto; oggi a coccolare e domani a mordere; a chi un giorno regala baci e il giorno dopo insulti: questa amicizia si compra per pochissimo, e basta un'offesa da niente per farla svanire.

Marco: Credevo che le colombe fossero prive di fiele. Comunque, spiegaci come si può confutare questa opinione che dispiace tanto a Luca.

Aelredo: C'è una magnifica risposta in Cicerone: "Tolgono il sole dal mondo quelli che tolgono l'amicizia dalla vita, poiché non abbiamo da Dio niente di meglio, niente che ci renda più felici". Non è per niente saggio rifiutare l'amicizia per evitare le sollecitudini e gli affanni e liberarsi dal timore, quasi che ci sia una qualche virtù che possa essere acquistata e conservata senza impegno. Forse che in te la prudenza riesce a lottare contro gli errori, o la temperanza contro l'impurità, o la giustizia contro la malizia senza che tu debba fare una grande fatica? Dimmi chi, soprattutto nell'adolescenza, riesce a custodire la sua purezza, o a frenare l'istinto che fa follie dietro tante voglie, senza grande sofferenza? Sarebbe stato stolto dunque l'apostolo Paolo, visto che non volle vivere libero dalla sollecitudine per gli altri, ma, spinto dalla carità, che era per lui la virtù più grande, si fece debole con i deboli, e sofferente con chi soffriva. E in più aveva nel cuore una grande tristezza, una pena continua per quelli che erano suoi fratelli secondo la carne.

Avrebbe dovuto abbandonare la carità se avesse voluto vivere senza tanti dolori e paure, ora per partorire di nuovo quelli che aveva generato alla fede; curando i suoi come una madre, rimproverando come un maestro; ora con la paura che la loro mente si potesse corrompere e allontanare dalla fede; ora lottando per la loro conversione con tanto dolore e piangendo per quelli che non volevano convertirsi. Vedete dunque come eliminano dal mondo le virtù quelli che vogliono evitare la fatica che le accompagna. Forse fu stolto Cusai l'Archita quando, fedele fino in fondo all'amicizia che aveva nei confronti di

Davide, preferì l'affanno alla tranquillità e scelse di condividere la sofferenza dell'amico piuttosto che tuffarsi nelle gioie e negli onori offerti dal parricida? Ritengo che non siano uomini, ma bestie, quanti pensano che l'ideale sia vivere senza dover consolare nessuno, senza essere di peso o causa di dolore per gli altri; senza trarre gioia alcuna dal bene degli altri, né amareggiarli con i propri possibili sbagli; stando bene attenti a non amare nessuno né curandosi di essere amati da qualcuno. Non mi sogno neanche di pensare che amino davvero quelli che reputano l'amicizia un affare: dicono di essere amici, ma solo con le labbra, quando hanno la speranza di qualche vantaggio materiale, oppure quando cercano di fare dell'amico uno strumento per qualsiasi infamia.

Le amicizie false e le amicizie autentiche

Marco: Visto che sono molti quelli che si lasciano ingannare da quella che è solo un'amicizia apparente, mostraci, per favore, quali amicizie dobbiamo evitare, e quali invece desiderare, coltivare e conservare.

Aelredo: Una volta chiarito che l'amicizia non può sussistere se non fra i buoni, dovrebbe esserti facile capire che non si deve accettare alcuna amicizia che non si addica a chi è buono.

Luca: Ma si dà il caso che nel discernere ciò che conviene da ciò che non conviene noi ci perdiamo nella nebbia.

Aelredo: Farò come volete, e dirò in breve quali, fra le amicizie che ci si presentano, si debbano evitare. C'è un'amicizia puerile, suscitata da un sentimento capriccioso: si offre a chiunque le passi accanto, non conosce ragione né equilibrio; non valuta né l'utilità che può offrire né il danno che può arrecare. Questo sentimento per un po' ti sconvolge, crea un legame fortissimo che attrae in modo seducente. Ma il sentimento senza la ragione è un moto puramente istintivo, pronto a qualsiasi manifestazione illecita, anzi incapace di distinguere tra il lecito e l'illecito. E se è vero che per la maggior parte di noi il sentimento precede l'amicizia, tuttavia lo si deve seguire solo a patto che sia guidato dalla ragione, moderato dall'onestà e dalla giustizia. Quindi, questa amicizia, che abbiamo definito puerile perché è soprattutto nei ragazzi che domina il sentimento, visto che è inaffidabile, instabile e frammista ad affezioni impure, deve essere sempre evitata da quelli che sono affascinati dalla bontà dell'amicizia spirituale.

Questa non è un'amicizia, ma piuttosto il veleno dell'amicizia, dato che in essa non si può mai conservare la giusta misura di quell'amore che lega un animo all'altro, infatti, quella onestà di fondo che anch'essa possiede è offuscata e corrotta dalla passionalità; cosi, abbandonato lo spirito, si è trascinati verso desideri impuri. Per queste ragioni l'amicizia spirituale deve avere come base iniziale la purezza dell'intenzione, la guida della ragione e il freno della temperanza. La gioia profonda che si aggiungerà ad esse sarà certamente sperimentata come dolcezza, senza per questo cessare di essere un affetto ordinato.

Un altro tipo di amicizia è quello che unisce i malvagi per la somiglianza dei comportamenti: di questa non parlo proprio, perché, come ho già detto, non è neppure degna del nome di amicizia. C'è inoltre un'amicizia che si accende per la speranza di un qualche guadagno, e molti ritengono che proprio per questo motivo debba essere desiderata, coltivata e conservata. Se questo fosse vero, quante persone verrebbero escluse da un amore di cui pure sono veramente degni, solo perché non hanno niente, non possiedono niente, e non possono sperare di ottenere alcun vantaggio materiale. Se però metti tra i vantaggi il consiglio quando sei nel dubbio, la consolazione quando soffri per qualche avversità, e altre cose del genere, questo è sicuramente quello che uno ha il diritto di aspettarsi da un amico, ma sono cose che devono seguire l'amicizia, non precederla. Davvero si può dire che non ha ancora imparato cosa sia l'amicizia chi va alla ricerca di una ricompensa che non sia l'amicizia stessa. Una ricompensa che sarà piena per chi ha coltivato l'amicizia, quando essa, interamente trasfigurata da Dio, porterà alla gioia della contemplazione di lui quelli che prima ha unito.

L'amicizia come premio a se stessa

Anche se l'amicizia fedele dei buoni porta con sé tante cose buone, sono sicuro che non è dai vantaggi che nasce l'amicizia, ma il contrario. Non penso che la generosità con cui Barzillai il galaadita accolse Davide che fuggiva dal figlio parricida, gli diede assistenza e lo trattò da amico, abbia fatto nascere l'amicizia fra quei grandi uomini. Piuttosto questi favori manifestarono ciò che già c'era. Non c'è nessuno, infatti, che osi pensare che prima di quell'occasione il re possa aver avuto bisogno di quell'uomo. D'altra parte, che lui, già molto ricco, non si aspettasse niente in cambio di quello che aveva fatto per il re, risulta chiaro quando si considera che, essendogli state offerte tutte le ricchezze della città, non volle accettare niente, accontentandosi delle sue cose. Lo stesso possiamo dire del legame stupendo fra Davide e Gionata, reso perfetto non dalla speranza di un futuro vantaggio, ma dall'ammirazione per la virtù, anche se poi ne venne una grande utilità ad entrambi, poiché per l'impegno di uno fu risparmiata all'altro la vita e per la bontà del primo non fu distrutta la discendenza del secondo.

Riepilogo

Poiché dunque nei buoni è sempre l'amicizia che viene prima dei vantaggi, si può dire con certezza che la nostra gioia non nasce tanto dal vantaggio che ci viene procurato dall'amico, ma dal suo amore. Giudicate voi, ora, se basta quanto ho detto sul frutto dell'amicizia, se sono stato chiaro nel precisare tra quali persone essa può nascere, conservarsi e giungere a perfezione, se sono riuscito a smascherare quelle forme di adulazione che s'ammantano falsamente del nome di amicizia e se sono stato preciso nell'indicare le mete cui deve tendere l'amore tra gli amici.

Marco: Non mi pare che tu abbia approfondito bene quest'ultimo punto.

Aelredo: Ricorderete, credo, come ho confutato l'opinione di quelli che affermano che l'amicizia possa congiungere le persone anche nel crimine, e anche di quelli che ritengono si possa giungere fino all'esilio e a qualsiasi nefandezza purché non ne vengano danni a terze persone. E a dire il vero ho confutato anche quelli che misurano l'amicizia in base ai vantaggi ottenuti. Invece non ho ritenuto neppure degne di essere menzionate due delle opinioni riferite da Marco.

Non c'è infatti idea più goffa che intendere l'amicizia come un rendere esattamente all'amico il servizio e gli elogi ricevuti da lui, quando invece tutto tra loro deve essere comune, dato che sono un cuor solo e un'anima sola. Ed è anche brutta e sbagliata l'idea che uno debba provare per l'amico gli stessi sentimenti che prova per sé, quando invece ciascuno dovrebbe avere di sé un'umile opinione e una stima altissima per l'amico. Dopo aver respinto come falsi questi confini dell'amicizia, ho scelto di fissare il vero confine ricavandolo dalle parole del Signore che dice che per gli amici non si deve arretrare neppure davanti alla morte. Tuttavia, affinché non si pensi che, se dei malvagi arrivassero a morire l'uno per l'altro avrebbero per ciò stesso raggiunto la vetta dell'amicizia, ho precisato tra chi essa può nascere e giungere alla perfezione. Quanto a quelli che ritengono di doverla evitare per le molte preoccupazioni che comporta, ho concluso che sono semplicemente stolti. Infine ho mostrato in modo sommario da quali amicizie i buoni devono stare lontani. Da ciò che si è detto appare chiaro quali siano i confini certi e veri dell'amicizia spirituale: niente cioè si deve negare all'amico, tutto si deve sopportare per l'amico, anche la perdita della vita del corpo, che l'autorità del Signore ha stabilito si debba offrire per chi si ama. D'altra parte, poiché la vita dell'anima è di gran lunga più preziosa di quella del corpo, ritengo che all'amico si debba assolutamente negare ciò che può portare alla morte dell'anima, il che poi altro non è che il peccato, che separa Dio dall'anima, e l'anima dalla vita. Per quanto riguarda il resto, non c'è il tempo per spiegare quale misura vada osservata, e con quale cautela ci si debba comportare in ciò che si deve fare per l'amico o sopportare per lui.

Luca: Ammetto che Marco mi è stato di grande aiuto. Provocato dalle sue domande, hai riassunto in un breve sommario il succo di tutto il discorso e ce l'hai tratteggiato perfettamente dinanzi agli occhi. Ora, per favore, continua a spiegarci quale misura vada osservata nei servizi che rendiamo agli amici e con quale cautela debba essere messa in atto.

Aelredo: Queste, e tante altre cose abbiamo da dire sull'amicizia. Però è tardi, voi stessi vedete che quelli che sono appena arrivati ci aspettano con impazienza perché hanno altri interessi.

Marco: Me ne vado, ma di malavoglia. Sta sicuro che tornerò domani, non appena ne avrò l'occasione. Spero che Luca venga presto domani mattina, così non potrà accusarci di essere pigri e neppure noi dovremo rimproverargli il ritardo.

LIBRO

3

La scelta degli amici e la pratica dell'amicizia

Aelredo: Tu da dove vieni? E per cosa sei venuto qui?

Luca: Sai bene perché sono qui.

Aelredo: C'è anche Marco?

Luca: Questo è affar suo. Oggi non potrà certamente accusarci di essere in ritardo.

Aelredo: Vuoi che continuiamo il nostro discorso?

Luca: Sono certo che Marco verrà. Credo anche che la sua presenza sia necessaria, perché ha una sensibilità che ne rende l'intuito più acuto. E poi sa fare domande intelligenti e ha una memoria migliore della mia.

Arriva Marco.

Aelredo: Hai sentito, Marco? Luca ti stima più di quanto tu non pensassi.

Marco: E come non potrebbe essere mio amico, lui che lo è di tutti? Bene, visto che ora, memori della tua promessa, siamo qui tutti e due, non sprechiamo tempo prezioso.

Aelredo: La fonte e l'origine dell'amicizia è l'amore, poiché ci può essere amore senza che ci sia amicizia, ma non ci può mai essere amicizia senza amore. L'amore, a sua volta, nasce o dalla natura, o dal dovere, o dalla sola ragione, o dal solo sentimento, o da queste cose insieme. Per natura, ad esempio, la madre ama il figlio. Per dovere, a motivo di qualche cosa che si dà o si riceve, ci si lega con un affetto particolare. È in nome della ragione che amiamo i nemici, non certo per una spontanea inclinazione del cuore; per obbedire a un comandamento. Ci muove solo il sentimento, invece, quando siamo attratti verso qualcuno solo per le qualità fisiche, come la bellezza, la forza, la capacità nel parlare. C'è infine un amore che trae origine dalla ragione e dal sentimento insieme, ed è quando, persuasi dalla ragione ad amare qualcuno a motivo delle sue virtù, ci sentiamo ancora più attratti verso di lui per l'amabilità del comportamento e per la simpatia di una vitalità più ricca: così la ragione si unisce al sentimento, e l'amore che ne deriva è reso puro dalla ragione, dolce dal sentimento. Quale di queste forme di amore vi sembra corrisponda meglio all'idea di amicizia?

Marco: Sicuramente quest'ultima, che ha alla base la contemplazione delle virtù, e come perfezionamento l'amabilità dei modi. Però vorrei sapere se dobbiamo accogliere nel dolce segreto dell'amicizia tutti quelli che amiamo in questo modo.

L'amore di Dio è il fondamento della vera amicizia

Aelredo: Si deve prima stabilire qual è il fondamento sicuro da cui l'amore spirituale trae i principi che lo regolano. Così, chi vuol raggiungere in modo diretto le vette di questo amore, userà la massima cautela per non trascurare o andar oltre il fondamento stesso. Questo fondamento è l'amore di Dio: ad esso bisogna riportare tutto quanto l'amore o il sentimento suggeriscono, tutto quello che un'ispirazione ci sussurra nel segreto o un amico propone apertamente; e si deve stare molto attenti perché tutto ciò che si fa si trovi in sintonia con il fondamento, e tutto ciò che se ne discosta venga ricondotto al modello base e sia subito corretto a partire dalle caratteristiche del modello stesso. Non siamo tenuti, comunque, ad accogliere nella nostra amicizia tutti quelli che amiamo, perché non tutti ne sono capaci. L'amico, infatti, è lo sposo dell'anima tua, e tu unisci il tuo spirito al suo, coinvolgendoti al punto da voler diventare con lui una cosa sola; a lui ti affidi come a un altro te stesso, niente gli nascondi e nulla hai da temere da lui. Se si ritiene che qualcuno sia adatto a tutto questo, bisogna prima sceglierlo, poi metterlo alla prova e infine accoglierlo. L'amicizia, infatti, deve essere stabile, quasi un'immagine dell'eternità stessa, e rimanere costante nell'affetto. Per questo non dobbiamo seguire impressioni vaghe, e in base ad esse mutare continuamente gli amici in modo infantile - Nessuno è più detestabile di colui che offende e tradisce l'amicizia; niente tormenta tanto l'animo quanto l'essere abbandonato o combattuto da un amico. Per questo bisogna mettere la massima cura nello scegliere un amico, e usare un'estrema cautela nel metterlo alla prova. Però una volta che lo si è accolto, va tollerato, trattato e seguito in modo tale che, se non si allontana in modo irrevocabile dal fondamento che noi conosciamo, lui sia a tal punto tuo, e tu suo, nelle cose del corpo come in quelle dello spirito, che niente venga a dividere gli animi, gli affetti, le volontà e le idee.

I quattro gradini

Dunque sono quattro i gradini che ci fanno salire alla perfezione dell'amicizia: il primo è la scelta, il secondo è la prova, il terzo è l'accoglienza, il quarto è "l'accordo sommo nelle cose divine e umane accompagnato da carità e benevolenza".

Marco: Ricordo che nel tuo primo discorso, quello con il tuo carissimo Giovanni, hai spiegato bene questa definizione; ma siccome dopo hai discusso di molti generi di amicizia, vorrei sapere se essa li comprende tutti.

Aelredo: Poiché la vera amicizia può sussistere solo tra i buoni, coloro cioè che non possono né vogliono fare alcunché contro la lealtà e l'onestà, è chiaro che tale definizione non riguarda qualunque tipo di amicizia, ma solo quella che può essere chiamata vera.

Luca: E perché non accettare anche la definizione che, prima del dialogo di ieri, mi piaceva molto, cioè l'amicizia come accordo nelle cose che si vogliono o non si vogliono?

Aelredo: Certo, anche questa può andar bene, purché essa unisca due persone che hanno abitudini buone, una vita equilibrata e degli affetti ordinati.

Marco: Sarà Luca a valutare se questi requisiti sono presenti sia in lui che nel suo amico, così da poter vivere con lui in unione di volontà, non concedendo a se stesso o all'altro niente che sia ingiusto, o disonesto, o indecoroso. Però adesso ci interessa sentire la tua opinione sui quattro gradini di cui hai parlato.

La scelta dell'amico e i temperamenti difficili

Aelredo: Parliamo per prima cosa della scelta. Ci sono certi difetti che impediscono, a chi vi si trova impegolato, di osservare con costanza le regole e i diritti dell'amicizia. Chi è così non deve essere scelto con leggerezza come amico. Se però ci sono in queste persone altri aspetti della vita e del comportamento che piacciono, allora si deve fare ogni sforzo per aiutarli così da renderli idonei all'amicizia. Sto parlando di coloro che per carattere sono irascibili, instabili, sospettosi e chiacchieroni.

Gli irascibili

È difficile infatti che uno, spesso sconvolto dall'ira, non se la prenda un giorno o l'altro anche contro l'amico, come è scritto nel Siracide: "C'è anche l'amico che si cambia in nemico e scoprirà a tuo disonore i vostri litigi" (*Sir* 6,9). Per cui la Scrittura dice: "Non ti associare a un collericoe non praticare un uomo iracondo, per non imparare i suoi costumi e procurarti una trappola per la tua vita" (*Pr* 22,24-25). E Salomone dice: "L'ira alberga in seno agli stolti" (*Qo* 7,9). E c'è forse qualcuno che spera di poter conservare a lungo l'amicizia con uno stolto?

Marco: Eppure, se ben ricordo, ti abbiamo visto coltivare con tanta bontà un'amicizia con un uomo dall'ira terribile e abbiamo sentito che fino al termine dei suoi giorni non è mai stato offeso da te, benché spesso lui ti abbia offeso.

Aelredo: Ci sono alcuni che sono irascibili per temperamento naturale, e che tuttavia sanno reprimere e moderare così bene questo loro difetto da non cadere mai in quelle cinque colpe che secondo la Scrittura rovinano l'amicizia fino a distruggerla, anche se talvolta offendono l'amico con parole o gesti sconsiderati, o con scene indiscrete di gelosia. Se abbiamo accolto una persona così nella nostra amicizia dobbiamo sopportarla con pazienza, e poiché siamo sicuri del suo affetto, dobbiamo perdonarlo quando nelle parole o nelle azioni passa il segno. Altrimenti lo si richiama senza farlo soffrire, magari usando un tono scherzoso e amabile.

Luca: Quel tuo amico che, come pare a molti, tu preferisci a tutti noi, qualche giorno fa, spinto dall'ira, ha detto e fatto qualcosa che sapevamo benissimo ti sarebbe dispiaciuto. Eppure ci sembra, e del resto lo vediamo, che non ha perduto in alcun modo il tuo favore. Ci siamo meravigliati tanto nel constatare che, mentre tu, quando parliamo insieme, stai attento a non trascurare niente di quello che lui desidera, fosse anche un'inezia, lui invece non è riuscito a sopportare, per amor tuo, neanche una piccolezza.

Marco: Questo qui è molto più audace di me. Anch'io sapevo queste cose, ma conoscendo il tuo sentimento nei suoi confronti, non avrei mai osato parlartene.

Aelredo: Certo, quell'uomo mi è molto caro, e una volta che l'ho accolto nella mia amicizia, non posso non amarlo. È capitato che in quell'occasione io fossi più forte di lui. Siccome non era possibile far convergere le nostre due volontà, è stato più facile per me adeguarmi che non per lui. Visto non era in questione l'onestà e non era stata violata la fiducia è stato meglio cedere all'amico: ho tollerato la sua ira, e poiché era in gioco la sua serenità, ho preferito la sua volontà alla mia.

Marco: Va bene, poiché però il tuo primo amico è già passato all'altra vita, e quest'altro, anche se noi non lo sappiamo, ti avrà chiesto scusa, spiegaci ora quali sono quelle cinque cose che rovinano l'amicizia fino a distruggerla, così sapremo chi sono quelli che non si devono scegliere come amici per nessun motivo.

Aelredo: Non è me che dovete ascoltare, ma le parole della Scrittura: "Chi offende un amico rompe l'amicizia.

Se hai sguainato la spada contro un amico, non disperare, può esserci un ritorno. Se hai aperto la bocca contro un amico, non temere" (*Sir* 22,20-22). Considera queste parole: se l'amico mosso dall'ira sfodera la spada, se dice parole che fanno soffrire, se per un certo tempo non si fa più vedere come se non ti amasse più, se preferisce fare da sé piuttosto che seguire un tuo consiglio, se ha un'opinione diversa dalla tua, o se in una discussione dissente da te, non devi per questo sciogliere l'amicizia. Può esserci infatti, dice la Scrittura "può esserci riconciliazione, tranne il caso di insulto e di arroganza, di segreti svelati e di un colpo a tradimento; in questi casi ogni amico scomparirà". Esaminiamo bene quindi queste cinque cose per evitare di stringere amicizia con persone che, o per l'ira, o per qualche altra passione, sono abitualmente vittime di questi vizi. L'ingiuria rovina il buon nome e spegne la carità. La gente, infatti, è così maliziosa che se uno, spinto dall'ira, scaglia un'ingiuria contro un suo amico, anche se le sue parole non vengono prese sul serio, vengono propagate come parole dette da uno che conosce i segreti della persona di cui parla.

Ci sono persone poi che provano lo stesso gusto nel lodare se stessi come nel denigrare gli altri. Cosa c'è di più malvagio dell'oltraggio che, anche se falso, riesce però a far arrossire di vergogna un innocente? L'arroganza poi è la cosa più difficile da sopportare, perché toglie di mezzo l'unico rimedio che potrebbe ricostruire un'amicizia rovinata, cioè l'umile riconoscimento del proprio sbaglio, dato che rende l'uomo sfrontato nell'offendere e presuntuoso nel correggere. Altra cosa grave è la rivelazione dei segreti.

Niente è più vile o più detestabile, perché toglie dagli amici ogni amore, ogni grazia, ogni dolcezza, riempie tutto di amarezza, contamina ogni cosa con il fiele dell'odio e del risentimento. Per questo sta scritto: "Chi svela i segreti perde la fiducia" (*Sir* 27,16). E poi, svelare i segreti di un amico equivale a portare alla disperazione un'anima infelice. E chi è più infelice di colui che perde la fiducia ed è prostrato dalla disperazione?

L'ultima causa che distrugge l'amicizia è il colpo a tradimento, cioè la denigrazione fatta di nascosto. Davvero questo colpo è come una trappola, come il morso mortale di un serpente o di una vipera: se il serpente morde silenziosamente, dice Salomone, non gli è da meno chi denigra di nascosto. Sta' dunque alla larga da chiunque è immerso in questi vizi, non sceglierlo come tuo amico fino a che non ne sia guarito. Evitiamo le ingiurie, perché di esse Dio stesso si vendica. Il santo re Davide, fra le raccomandazioni lasciate in eredità al figlio, ordina, con l'autorità dello Spirito santo, di uccidere Semei che lo aveva insultato mentre fuggiva da Assalonne. Evitiamo anche l'oltraggio. Il povero Nabal del Carmelo, che aveva oltraggiato Davide trattandolo da schiavo fuggitivo fu colpito dal Signore e ucciso. Se poi dovesse capitarci di venir meno a qualche dovere che la legge dell'amicizia ci impone, guardiamoci dall'arroganza, e cerchiamo invece la benevolenza dell'amico facendogli l'omaggio della nostra umiltà. Il re Davide aveva generosamente offerto ad Hanon la stessa amicizia che aveva avuto con suo padre Naas, re di Amon, quello invece, ingrato e arrogante, la rifiutò, aggiungendo all'affronto il disprezzo. Ne conseguì che perirono lui e il suo popolo e le sue città furono messe a ferro e fuoco.

Soprattutto consideriamo come un sacrilegio svelare i segreti degli amici, perché con questo si perde la fiducia e nell'anima che ne è vittima subentra la disperazione. Questo si vede nel malvagio Achitofel, che si era messo con il parricida Assalonne e gli aveva rivelato i piani del padre: quando vide che il piano da lui suggerito per contrastare quello del re, non era stato seguito, con una fine degna di un traditore si impiccò.

Ricordiamo infine che denigrare un amico è un vero e proprio veleno per l'amicizia. Fu questo che coprì di lebbra il volto di Maria con la conseguenza di essere espulsa dall'accampamento e privata per sei giorni della comunione con il suo popolo.

Gli instabili

Nella scelta non si devono evitare solo gli irascibili, ma anche gli instabili e i sospettosi. Il grande frutto dell'amicizia è infatti quella sicurezza per cui ti metti con fiducia nelle mani di un amico; ma come può esserci sicurezza nell'amore di uno che va dietro ad ogni soffio di vento e dà ragione a tutti? Il suo affetto è come la fanghiglia, che può essere modellata in forme diverse e opposte nel giro di un giorno, secondo il capriccio di chi la lavora.

I sospettosi

Cosa caratterizza meglio l'amicizia della pace e della tranquillità del cuore? Sono cose che il tipo sospettoso non possiede mai. È sempre in agitazione, assalito dalla curiosità che, stuzzicandolo continuamente, gli fornisce materiale che alimenta la sua inquietudine e il suo turbamento. Se vede che l'amico si allontana per parlare con qualcuno, pensa a un tradimento.

Se lo vede trattare qualcuno con benevolenza e affabilità, si lamenterà dicendo che lui è meno amato di quello. Se viene corretto dirà che l'amico lo odia. Se invece viene lodato dirà che l'altro lo prende in giro.

I chiacchieroni

Ritengo che neanche il tipo troppo loquace debba essere scelto, perché l'uomo dalla lingua lunga sarà sempre in torto. "Hai visto un uomo precipitoso nel parlare?" - dice il Saggio - "C'è più da sperare in uno stolto che in lui" (*Pr* 29,20). Quindi prenditi come amico uno che non sia sconvolto dall'ira, che non sia sbriciolato dall'instabilità, che non sia distrutto dal sospetto, che non perda nella loquacità la serietà che si richiede. È estremamente importante che tu ne scelga uno che sia in consonanza con il tuo temperamento e con le tue qualità. "Dove i costumi sono diversi", dice sant'Ambrogio, "non ci può essere amicizia, e dunque ciascuno deve essere in amabile consonanza con l'altro".

Come trattare le persone che hanno questi difetti

Marco: Dove si può trovare uno che non sia né irascibile, né instabile, né sospettoso? Quanto al chiacchierone, lo si vede subito, e non può certo rimanere nascosto.

Aelredo: Sono d'accordo con te. Non è facile trovare uno che non sia vittima di questi difetti, però ce ne sono molti che li sanno superare: reprimono l'ira con la pazienza, correggono la leggerezza con la serietà, eliminano i sospetti concentrando l'attenzione sull'amore. Direi che soprattutto questi bisognerebbe scegliere come amici, perché sono più esercitati degli altri e, vincendo i vizi con la virtù, diventano amici più sicuri quanto più sono abituati a resistere con energia ai vizi che li assalgono.

Marco: Scusa se insisto. Quel tuo amico che Luca ha

ricordato poco fa, e che tu hai accolto nella tua amicizia, a te non sembra una persona irascibile?

Aelredo: Certo che lo è, ma nell'amicizia non lo è affatto.
Luca: Ma cosa vuol dire non essere irascibile nell'amicizia?

Aelredo: Siete convinti del fatto che c'è amicizia tra noi?
Luca: Sicuro.

Aelredo: Qualche volta sono scoppiate tra noi risse, discordie, rivalità, contese?

Luca: Mai, ma questo non è merito suo, ma della tua pazienza.

Aelredo: Vi sbagliate. Un'ira che non è frenata dall'affetto non può in alcun modo essere bloccata dalla pazienza di nessuno. Anzi, la pazienza, nella persona colta dall'ira, scatena il furore, perché ciò che lo consola anche solo un po' è vedere che un altro si adira quanto lui e gli è pari negli insulti. La persona di cui stiamo parlando rispetta a tal punto l'amicizia che, quando talvolta si arrabbia e sta per esplodere con parole incontrollate, con un semplice cenno riesco a frenarlo; mai esprime in pubblico cose spiacevoli, ma per dare sfogo a quello che ha in mente aspetta sempre il momento in cui siamo soli. Se questo comportamento gli venisse suggerito dalla natura, e non dall'amicizia, non lo considererei né virtuoso né degno di lode. Se invece, come può capitare, mi accade di dissentire da lui, è tale il rispetto che abbiamo l'uno per l'altro che qualche volta lui rinuncia alla sua idea e, più spesso, io alla mia.

Come sciogliere un'amicizia rovinata

Marco: Penso che Luca possa essere soddisfatto. Vorrei che tu mi dicessi cosa si può fare quando incautamente si stringe un'amicizia con quelli che tu ci hai detto di evitare, o quando qualcuno di quelli che tu hai giudicato idonei cade in quei vizi o in altri peggiori. Fino a che punto si deve conservar loro la fiducia mostrando benevolenza?

Aelredo: Queste cose, per quanto possibile, devono essere considerate attentamente nello stesso momento della scelta, o anche nel periodo della prova, per evitare di offrire troppo in fretta la nostra amicizia a chi non ne è minimamente degno. "Sono degni di amicizia quelli che hanno in se stessi il motivo per cui sono amati". Tuttavia, anche in quelli che sono stati messi alla prova e ritenuti degni "esplodono spesso vizi che fanno male o agli stessi loro amici, o ad altri, la cui vergogna però ricade comunque sugli amici". Bisogna usare ogni cura perché questi amici guariscano. Se questo si rivela impossibile, non ritengo che l'amicizia debba essere rotta immediatamente ma, come qualcuno ha detto con finezza "deve essere piuttosto scucita a poco a poco, a meno che non ci sia un'offesa intollerabile, al punto che la giustizia e l'onestà richiedono che si giunga a un'immediata separazione". Se infatti l'amico trama qualcosa, o contro i propri cari o contro la collettività, per cui si esige una correzione rapida e senza indugi, non si offende certo l'amicizia se si smaschera un traditore o un nemico pubblico.

Ci sono altri vizi che consigliano di non rompere l'amicizia, come si è detto, ma di scioglierla a poco a poco, cercando però di non provocare addirittura un'inimicizia da cui verrebbero poi litigi, ingiurie e insulti. È quanto mai vergognoso, infatti, fare la guerra proprio con colui con il quale si è vissuto in intimità. Può anche succedere che tu venga assalito con tutte queste offese da uno che avevi accolto nella tua amicizia, uno di quelli che hanno l'abitudine, se capita loro qualcosa di storto, di rovesciare tutta la colpa sull'amico, quando invece sono stati loro a comportarsi in modo da meritare di non essere amati. Allora dicono che l'amicizia è stata offesa, considerano sospetto ogni consiglio che vien loro dall'amico, e quando è evidente che la colpa del tradimento è loro, non sapendo più come difendersi, riversano sull'amico odio e maledizioni, lo calunniano dappertutto, sparlano di nascosto, trovano false scuse per se stessi, e accuse bugiarde per gli altri.

Se, dunque, dopo che hai sciolto l'amicizia, vieni aggredito con tutte queste ingiurie, sopportale fin che puoi: così tu rendi onore alla vecchia amicizia. La colpa è di chi fa l'offesa, non di chi la subisce. L'amicizia, infatti, è eterna, per cui sempre ama chi è amico. Se ti offende colui che tu ami, tu continua ad amarlo. Se si comporta in modo da dovergli togliere l'amicizia, non togliergli mai l'amore. Pensa a quanto puoi fare per la sua salvezza, preoccupati del suo buon nome, e non rivelare mai i segreti della sua amicizia, anche se lui ha svelato i tuoi.

Marco: Dimmi, per favore, quali sono quei vizi per cui l'amicizia va sciolta pian piano?
Aelredo: Quei cinque di cui abbiamo appena parlato, soprattutto la rivelazione dei segreti, e il morso occulto

della denigrazione. Ne aggiungo un sesto: se l'amico offende quelli che tu sei tenuto ugualmente ad amare e se, dopo essere stato corretto, continua a offrire motivo di vergogna e di rovina a quelli che sono affidati alla tua responsabilità, soprattutto se la vergogna di questi vizi ricade su di te. L'amore non deve infatti prevalere sulla religione, sulla fede, sull'amore per la collettività o sul bene dei cittadini. Il re Assuero condannò a morte il superbissimo Aman, che era il primo fra i suoi ministri, preferendo la salvezza del popolo e l'amore della moglie all'amicizia che quello aveva offeso con consigli fraudolenti.

Giaele, la moglie di Aber Cineo, sebbene ci fosse pace fra Sisara e la casa di Aber, anteponendo a questa amicizia la salvezza del popolo, con un chiodo e un martello fece dormire per sempre lo stesso Sisara. Il santo profeta Davide secondo le leggi dell'amicizia avrebbe dovuto perdonare la parentela di Gionata; quando udì dal Signore che per colpa di Saul e della sua casa sanguinaria, che aveva ucciso i gabaoniti, il popolo aveva patito per tre anni la fame, consegnò ai gabaoniti, perché li punissero, sette uomini della famiglia di Gionata. Non dovete però dimenticare che, quando due amici perfetti, dopo una scelta sapiente e un accurato periodo di prova, si uniscono in un'amicizia vera e spirituale, non può sorgere tra loro alcun dissidio. Questo perché l'amicizia fa di due una cosa sola: come non si può dividere l'unità, così l'amicizia non può essere separata da se stessa. È chiaro dunque che quell'amicizia che subisce una lacerazione non è mai stata vera in quanto è stata causa della rottura, perché "l'amicizia che può cessare non è mai stata vera". In questo caso, tuttavia, l'amicizia appare più evidente e dimostra in modo più chiaro di essere una virtù per il fatto che, in chi è offeso, non viene meno l'amore che c'era prima. Ama chi non lo ama più, onora chi lo disprezza, benedice chi lo maledice, fa del bene a chi trama rovina contro di lui.

Luca: Come puoi dire che l'amicizia viene sciolta se colui che la interrompe deve avere ancora tutti questi riguardi per colui che viene escluso?

Aelredo: Quattro sono gli elementi che qualificano in modo particolare l'amicizia: l'amore e l'affetto, la sicurezza e la gioia. L'amore si manifesta nell'offrire favori e servizi con animo benevolo; l'affetto nasce da una gradevole sensazione interiore; la sicurezza sta nel poter rivelare senza timore o sospetto tutti i segreti e i pensieri del proprio animo; la gioia nasce dallo scambio dolce e amichevole di tutto ciò che capita, bello o brutto che sia; di tutto ciò che si pensa, sia esso utile o inutile; di tutto ciò che si insegna o si impara. Vedi ora in quali cose l'amicizia si dissolve in coloro che non ne sono degni? Certamente se ne va quella soddisfazione interiore che era attinta abbondantemente dal cuore dell'amico; se ne va la sicurezza che ci faceva confidare a lui i nostri segreti; se ne va la gioia che nasceva dalla conversazione amichevole. Gli si deve dunque negare quella familiarità che si esprimeva in tutte queste cose, ma l'amore deve rimanere, con misura e rispetto, al punto che, se l'offesa non è stata troppo grande, si possano sempre notare i segni dell'antica amicizia.

Luca: Mi piace moltissimo quello che hai detto.

Aelredo: Ditemi se possiamo ritenere concluso il discorso sulla scelta.

Marco: Vorrei che tu ci riassumessi in breve, per concludere, le cose che hai detto.

Riepilogo

Aelredo: Volentieri. Abbiamo detto che la fonte dell'amicizia è l'amore. Non un amore qualsiasi, ma quello che procede insieme alla ragione e al sentimento. Un amore che la ragione rende puro, e il sentimento fa dolce. Abbiamo detto poi che occorre dare all'amicizia un fondamento, e questo è l'amore di Dio, a cui bisogna ricondurre tutte le cose che abbiamo proposto, verificando la loro convergenza o divergenza rispetto al fondamento. Abbiamo poi fissato quattro gradini che portano alla vetta dell'amicizia: si deve cioè prima scegliere l'amico, poi metterlo alla prova, infine accoglierlo, e quindi comportarsi con lui nel migliore dei modi. Parlando della scelta abbiamo escluso gli irascibili, gli instabili, i sospettosi, i chiacchieroni: non tutti però, ma solo quelli che non riescono o non vogliono moderare questi difetti.

Molti infatti sono colpiti da questi disturbi, ma si comportano in maniera tale che non solo non viene minimamente lesa la loro perfezione, ma nel dominarli la loro virtù sì rafforza in modo magnifico. Quelli invece che, come cavalli senza freno, sono continuamente spinti dai loro vizi sull'orlo dell'abisso, inevitabilmente scivolano e sprofondano in quei difetti che, al dire della Scrittura, rovinano l'amicizia fino a distruggerla: cioè l'invettiva, l'oltraggio, la rivelazione dei segreti, l'arroganza e il tradimento.

Se tuttavia ti capita di soffrire tutte queste cose da parte di colui che avevi accolto nella tua amicizia, non devi rompere subito il rapporto, ma scioglierlo con gradualità, conservando pure un tale rispetto per l'antica amicizia che, anche se non gli confidi più i tuoi segreti, non gli togli però né l'amore né l'aiuto, e neppure gli neghi il consiglio. Se poi la sua follia dovesse spingerlo a proferire bestemmie e oltraggi, tu rispetta il patto, rispetta la carità, così la colpa sarà tutta di chi lancia l'ingiuria, non di chi la subisce.

Se invece scopri che può essere pericoloso per i suoi familiari, la collettività, i cittadini e gli amici, si deve rompere subito il vincolo di familiarità, perché non si deve anteporre l'amore per una persona al rischio di rovinarne tante altre. È nel momento stesso della scelta che si deve stare attenti a che questo non accada. Si deve scegliere cioè uno che non sia mosso dall'ira, fuorviato dalla superficialità, trascinato dalla loquacità o condotto dal sospetto a fare ciò che non si deve fare.

Soprattutto scegli uno che non abbia un temperamento o un carattere e troppo diverso dal tuo. Poiché parliamo dell'amicizia vera, che non può sussistere se non tra i buoni, non abbiamo neppure nominato quelli che sono sicuramente da scartare come gli infami, gli avari, gli ambiziosi, i calunniatori. Se quanto abbiamo detto sulla scelta vi basta, possiamo parlare di un altro argomento, di come si prova un amico.

Marco: Mi pare opportuno. Sto sempre con un occhio alla porta nel timore che arrivi qualcuno ad interrompere il nostro colloquio con qualche amarezza, o con qualche sciocchezza.
Luca: C'è qui fuori il custode, se lo fai entrare non riuscirai più a parlare. Sto io di guardia alla porta. Tu,

padre, continua pure.

La verifica delle quattro caratteristiche del rapporto di amicizia

Aelredo: Sono quattro le cose che devono essere messe alla prova nell'amico: la fedeltà, l'intenzione, il criterio, la pazienza. La fedeltà, perché tu possa affidargli con tranquillità e sicurezza te stesso e tutte le tue cose. L'intenzione, perché egli non si aspetti dall'amicizia niente se non Dio e il bene che le è proprio per natura. Il criterio, perché sappia discernere cosa si deve dare all'amico, cosa gli si può chiedere, in quali cose si deve soffrire per lui e in quali rallegrarsi - e siccome penso che talvolta l'amico debba anche essere corretto - comprendendo le ragioni per farlo, senza ignorare il modo, il tempo e il luogo opportuni. La pazienza, infine, perché quando viene corretto non si rattristi, non reagisca con odio o disprezzo con chi lo corregge, e sia capace di sopportare coraggiosamente per l'amico qualsiasi avversità.

La fedeltà

Nell'amicizia niente è più importante della fedeltà, che nutre l'amicizia la custodisce. La fedeltà è sempre uguale a se stessa, nella buona e nella cattiva sorte, nelle ore felici e in quelle tristi, nelle gioie e nelle amarezze. La fedeltà guarda con lo stesso occhio chi è umile e chi è sublime, il povero e il ricco, il forte e il debole, il sano e il malato. L'amico fedele non vede nulla all'infuori del cuore dell'amico: va ad abbracciare la virtù là dove la trova, tutto il resto rimane all'esterno, se ci sono altre cose non vi dà molto peso, se non ci sono non si affanna ad esigerle. La fedeltà tuttavia può restare nascosta quando le sorride la fortuna, invece emerge veramente nelle avversità. Qualcuno ha detto che l'amico si prova quando si è nella necessità. Sono molti gli amici di chi è ricco. Ma se siano poi dei veri amici lo si vede quando sopraggiunge la povertà. Un amico, dice Salomone, vuol bene sempre, ed è nella sventura che si dimostra fratello (*Pr* 17,17). E altrove, rimproverando chi manca di fedeltà, dice: "Chi spera nell'aiuto dell'amico infedele nel giorno della sventura, è come se avesse un dente cariato o un piede slogato" (*Pr* 25,19).

Luca: E se tutto va sempre bene, e non interviene mai alcuna difficoltà, come si può provare la fedeltà di un amico?

Aelredo: Ci sono molti altri modi per mettere alla prova la fedeltà dell'amico, anche se è vero che la verifica migliore è data dalle avversità. Ho già detto, per esempio, che niente rovina l'amicizia quanto la rivelazione delle confidenze dell'amico. È scritto nel Vangelo: Chi è fedele nel poco è anche fedele nel molto (*Lc* 16,10). Ne consegue che agli amici per i quali crediamo sia necessario un ulteriore periodo di prova non dobbiamo affidare tutti i nostri segreti né quelli più intimi. È bene cominciare da cose piuttosto superficiali o di poco conto, che non è molto importante nascondere o rivelare, facendo però molta attenzione a far capire che il rivelarle comporterebbe un grave danno, mentre sarebbe un grosso vantaggio tenerle nascoste. Se lo trovi fedele in questo impegno, non esitare a metterlo alla prova su cose di maggiore importanza. Se poi capita che si diffondano voci sgradevoli sul tuo conto, o se la cattiveria di qualcuno rovina la tua reputazione, e lui non sarà indotto da alcuna insinuazione a credere a tali cose, non sarà turbato da alcun sospetto, né scosso da alcun dubbio, allora non è più il caso di tenere sospeso il giudizio sulla sua fedeltà. Sarà davvero grande la tua gioia per aver trovato in lui un amico sicuro e stabile.

Luca: Mi viene ora in mente quel tuo amico venuto dalla Francia, di cui ci hai parlato molto spesso. Ti sei accorto che era davvero un amico fedelissimo e assolutamente sincero quando non solo non credette a chi riportava cose false sul tuo conto, ma neppure fu scosso dalla benché minima esitazione. Un atteggiamento del genere non te lo saresti aspettato neppure da quel tuo amico carissimo, il vecchio sacrista di Chiaravalle! Ma ora, visto che abbiamo già parlato a sufficienza su come si metta alla prova la fedeltà, spiegaci i punti che rimangono.

L'intenzione

Aelredo: Ho detto che si deve provare anche l'intenzione. Questo è assolutamente necessario.

Ci sono infatti molti che nelle cose umane ritengono buono solo ciò che dà un guadagno visibile nel tempo.

Sono persone che amano i loro amici come amano i loro beni terreni, dai quali sperano di ricavare sempre un qualche vantaggio. Sono persone che non sanno neppure cosa sia l'amicizia genuina e spirituale, quella che va cercata per Dio e per il valore che ha in se stessa; persone che non riflettono seriamente sul modello naturale dell'amore che hanno in sé, dove potrebbero scoprire facilmente quale e quanto grande sia la forza dell'amicizia. Lo stesso Signore ci ha offerto il modello della vera amicizia quando ha detto: "Ama il tuo prossimo come te stesso" (*Mt* 22,39). Ecco lo specchio: tu ami te stesso. Si, certo, però solo se ami Dio, se cioè corrispondi a colui che abbiamo descritto come degno di essere scelto per amico. Mi chiedo: forse perché vuoi bene a te stesso esigi che questo ti venga ricompensato? Sicuramente no, perché è nella natura delle cose voler bene a se stessi. Ne consegue che, se non trasferirai questo stesso affetto in un altro, amando l'amico gratuitamente solo perché ti è caro per se stesso, non potrai gustare il sapore della vera amicizia. Colui che ami sarà come un altro te stesso quando avrai trasfuso in lui l'amore con cui ti ami. "L'amicizia", come dice sant'Ambrogio, "non è un dazio o una rendita, ma è piena di bellezza e di grazia. È infatti una virtù, non un affare, perché non è generata dal denaro, ma dalla grazia; non si acquista contrattando sul prezzo, ma è il frutto di una gara d'affetto". Devi quindi esaminare con acume l'intenzione di chi hai scelto come amico, perché non pensi di unirsi in amicizia con te nella speranza di ottenere un qualche vantaggio, quasi che si trattasse di un bene commerciabile, e non invece di un dono. Spesso le amicizie tra chi è povero o bisognoso sono più sicure di quelle tra i ricchi: la povertà, infatti, elimina l'attesa di un qualche guadagno, e non solo non diminuisce, ma piuttosto accresce la carità nell'amicizia. Ai ricchi si dona per cortigianeria; verso i poveri nessuno agisce per finzione. Tutto quanto si dà al povero è dono sincero, perché l'amicizia del povero non conosce l'invidia.

Ho detto questo perché negli amici si metta alla prova il comportamento, e non se ne valuti invece la ricchezza. Ed ecco come si verifica l'intenzione. Guarda se è più avido dei tuoi beni che di te; se è sempre in attesa che tu gli procuri qualcosa con i tuoi sforzi, come onori, ricchezze, successo, libertà. Ti accorgerai facilmente di quali erano le sue intenzioni quando si è legato a te se in tutte queste cose viene preferito uno più degno di lui, o se tu non hai la possibilità di fargli avere ciò che desidera.

Il criterio

Consideriamo adesso il criterio. "Alcuni, con animo maligno, per non dire sfacciato, vogliono un amico che sia tutto quello che essi non riescono ad essere". Sono quelli che si spazientiscono per le mancanze anche lievi dei loro amici, li rimproverano aspramente e, mancando di criterio, non vedono le cose grosse e si scagliano contro le piccole; confondono tutto, e non sanno dove, quando, e a chi convenga rivelare o nascondere le cose. Per questo si deve verificare se la persona che scegli ha criterio, perché unirsi in amicizia con uno che è imprevidente e imprudente significa andarsi a cercare litigi e discussioni a non finire. È abbastanza facile dimostrare che nell'amicizia questa virtù è necessaria: se uno ne è privo, è come una nave senza timone che, sotto la spinta del vento, è sballottata in un movimento frenetico e capriccioso.

La pazienza

Avrai anche molte occasioni per mettere alla prova la pazienza di chi desideri farti amico, poiché ti troverai a dover correggere colui che ami: dovrai usare - a volte di proposito - un tono più duro, per provare e tenere in esercizio la sua capacità di sopportazione. Devi anche stare attento a un'altra cosa: se trovi in uno che stai mettendo alla prova qualcosa che offende il tuo animo, come l'imprudente rivelazione di un segreto, il desiderio di qualche vantaggio materiale, una critica fatta con poco criterio o una mancanza di amorevolezza, non devi per questo rinunciare subito alla scelta e all'amicizia che ti eri proposto, se non altro fino a quando c'è una speranza di correzione. Non stancarti mai di curare con sollecitudine la scelta e la prova degli amici: il frutto di questo lavoro sarà una benedizione per la tua vita e un fondamento solidissimo per la tua vita eterna. Ci sono molti che sono abbastanza esperti quando si tratta di far soldi, di investire, di scegliere e acquistare mezzi e beni, e conoscono molto bene i criteri con cui condurre queste operazioni: è da dementi non usare la stessa capacità nel farsi degli amici, nel metterli alla prova, nell'imparare a utilizzare quei segni che ci permettono di verificare se coloro che abbiamo scelto come amici sono all'altezza all'amicizia. Bisogna inoltre stare attenti da certi slanci dell'affetto che stravolgono il giudizio, e compromettono la possibilità di una verifica oggettiva. È proprio dell'uomo prudente interporre una pausa, frenare questi slanci, mettere dei confini alla benevolenza, procedere pian piano nell'affetto, fino a che, terminata la prova, ci si possa dare e affidare completamente all'amico.

L'amicizia come anticipo della felicità celeste

Marco: Devo ammettere che continua a fare effetto su di me l'idea di quelli che pensano che si viva più tranquilli senza amici.

Aelredo: Mi meraviglio! Nessuna vita può essere felice senza amici, nel modo più assoluto.

Marco: Perché? Spiegamelo.

Aelredo: Supponiamo che... tutto il genere umano scompaia dal mondo, e che tu sia l'unico superstite. Davanti a te hai tutte le delizie e le ricchezze del mondo, oro, argento, pietre preziose, grandi città, ville, edifici grandiosi, sculture, pitture. Immagina di essere ritornato indietro alle origini, con tutte le cose a tua disposizione: tutti i greggi, gli armenti, tutte le bestie della campagna, gli uccelli del cielo e i pesci del mare, che percorrono le vie del mare. Dimmi, dunque: forse che, se non avessi un amico, tutte queste cose potrebbero farti felice?

Marco: No.

Aelredo: E se ci fosse vicino a te qualcuno di cui non conosci né la lingua né il carattere, che non sai se ti vuol bene né com'è il suo cuore?

Marco: Se non riuscissi, almeno con qualche segno, a farmelo amico, preferirei non avere nessuno piuttosto che uno cosi.
Aelredo: Se invece ci fosse uno che tu ami come te stesso, dal quale sai con certezza di essere ugualmente amato, non

è forse vero che tutte quelle cose che prima sembravano amare diventerebbero dolci?

Marco: Sicuro!

Aelredo: E se di persone così ce ne fossero tante? Non è forse vero che ti sentiresti tanto più felice?

Marco: Verissimo.

Aelredo: È proprio questa la meravigliosa felicità che aspettiamo, quando Dio stesso diffonderà tra sé e le sue creature che ha esaltato, fra i vari ordini e gradi in cui ha distinto le cose, fra le singole persone che ha scelto, tanta amicizia e tanta carità che ciascuno amerà l'altro come se stesso è potrà gioire dell'altrui felicità come della propria. Così la gioia dei singoli sarà di tutti, e la gioia di tutti apparterrà al singolo. Non ci saranno più pensieri nascosti e amori finti. Questa è l'amicizia vera ed eterna, che comincia qui e si perfeziona lassù; che qui è di pochi, perché pochi sono i buoni; là invece sarà di tutti, perché tutti saranno buoni. Qui è necessaria la prova, perché i saggi e gli stolti stanno assieme; là non ci sarà bisogno di prova, perché tutti saranno resi santi da una perfezione soprannaturale e quasi divina. Questo è il modello cui possiamo paragonare quegli amici che amiamo come noi stessi, di cui conosciamo tutto come un libro aperto, ai quali confidiamo tutti i nostri segreti, che sono sicuri, stabili e costanti in tutto. Pensi forse che ci sia qualche essere umano che non desideri essere amato?
Marco: Credo proprio di no.

Aelredo: Se tu conoscessi qualcuno che vive in mezzo a molte persone, ma sospetta di tutti, che ha paura che tutti tramino contro la sua vita, che non ama nessuno e pensa che nessuno lo ami, non pensi che sarebbe disperatamente infelice.

Marco: Infelicissimo.

Aelredo: E allora non puoi negare che straripa di felicità chi riposa nei cuori di coloro con cui vive, pieno d'amore per tutti e da tutti amato, in uno stato di dolcissima serenità da cui non lo allontana il sospetto né la paura".

Marco: Si, è assolutamente vero.

Aelredo: Ma forse è difficile nella vita presente trovare queste cose in tutti, visto che ci attendono per quella futura. Però, proprio per questo, quanto più numerosi saranno quelli che ci amano così, tanto più saremo felici. L'altro giorno passeggiavo per il chiostro del monastero, dove stavano seduti gli altri fratelli, e quasi fossi in un giardino di delizie ammiravo le foglie, i fiori e i frutti di ogni singolo albero. Non c'era nessuno in quella moltitudine che io non amassi, nessuno da cui non mi sentissi amato. Mi ha inondato una gioia così grande da superare tutti i piaceri di questo mondo. Sentivo che il mio spirito si era riversato in tutti loro, e in me era entrato il loro affetto, proprio come dice il Profeta: "Come è bello e come è gioioso vivere insieme da fratelli (*Sal* 132,1)".

Luca: Dobbiamo dunque pensare che hai accolto nella tua amicizia tutti quelli che in questo modo tu ami e dai quali ti senti amato?

La specificità dell'amicizia spirituale

Aelredo: Sono molti quelli che abbracciamo con il nostro affetto, senza però introdurli nell'intimità dell'amicizia, che consiste soprattutto nella rivelazione di tutti i nostri segreti e progetti. Come dice il Signore nel Vangelo: "Non vi chiamo più servi", "ma amici". Poi aggiunge la ragione per cui ritiene di chiamarli amici: "Perché", dice, "tutto ciò che ho udito dal Padre l'ho fatto conoscere a voi" (cfr. *Gv* 15,15). E poco prima dice: "Voi siete miei amici, se farete ciò che io vi comando" (*Gv* 15,14).

Con queste parole, come dice sant'Ambrogio, "ci ha dato un modello di amicizia da seguire: fare la volontà dell'amico, confidargli i nostri segreti e tutto quanto abbiamo nel cuore, non ignorare le sue cose più intime. Apriamoci a lui, e che egli ci apra il suo cuore. L'amico, infatti, non nasconde niente. Se è sincero, rivela il suo animo, come il Signore Gesù rivelava i misteri del Padre". Questo scrive Ambrogio. Sono dunque molti quelli che noi amiamo, però non a tutti conviene esporre in questo modo il nostro animo, né rivelare il nostro cuore, perché non hanno ancora un'età, o una sensibilità, o un criterio tale da renderli capaci di accogliere queste confidenze.

Marco: Non riesco neppure ad aspirare ad un'amicizia talmente grande e perfetta. A me e ad Luca basta quella che ci ha descritto Agostino: parlare e ridere insieme, scambiarsi con affetto dei favori; leggere e discutere insieme, scherzare insieme e fare cose serie; dissentire quando è il caso, senza rancore, come uno fa con se stesso, servirsi anche dei rarissimi contrasti per addolcire le molte cose su cui si è d'accordo; essere l'uno per l'altro maestro e discepolo; desiderare impazientemente chi è assente, accogliere con gioia chi arriva. Con questi e con altri segni che procedono dal cuore di chi ama ed è riamato, con il volto, con la parola, con gli sguardi e con mille altre espressioni di affetto si ravviva il fuoco che fonde gli animi e che di tanti ne fa uno solo. Questo ci sembra si debba amare negli amici. La nostra coscienza si sentirebbe in colpa se non amassimo chi risponde al nostro amore, e se non rispondessimo con l'amore a chi ci ama.

Aelredo: Un'amicizia così è puramente materiale, ed è tipica soprattutto dei giovani, com'era allora sant'Agostino e l'amico di cui parlava. Non è da rifiutare, tranne gli scherzi e le bugie, e nel caso non ci sia alcun comportamento disonesto. Un'amicizia del genere può portare ad una grazia più grande ed è come il principio di un'amicizia santa. Una volta cresciuti nell'amore e nel comune impegno nelle cose dello spirito, diventati con l'età più maturi e più seri e con i sensi spirituali più illuminati, questi amici potranno con un affetto purificato salire verso un traguardo più alto, partendo da una buona base. Del resto, non abbiamo già detto ieri che si può passare più facilmente dall'amicizia umana a quella per Dio, vista la somiglianza che esiste tra le due?

Come coltivare la vera amicizia

Adesso cominciamo a considerare come si coltiva l'amicizia. Il fondamento della stabilità e della costanza nell'amicizia è la fiducia: niente infatti è stabile se non è fondato sulla fiducia. Gli amici devono essere tra loro semplici, aperti, sensibili alle stesse cose, in sintonia: tutto questo riguarda la fedeltà. Non può essere degno di fiducia un carattere complicato e tortuoso. Anche quelli che non sono sensibili alle stesse cose, o non sono d'accordo su cose identiche, non possono essere stabili né fidati. Soprattutto si deve evitare il sospetto, che è il veleno dell'amicizia: non dobbiamo mai pensare male dell'amico, né credere o dare ragione a chi ne parla male. A questo dobbiamo aggiungere un parlare cordiale, un volto lieto, la dolcezza dei modi, la serenità dello sguardo, tutte cose che aiutano molto l'amicizia. L'espressione austera, severa, ha un suo decoro, conferisce solennità, però l'amicizia deve essere in qualche modo più rilassata, più libera e amabile, più disponibile alla serenità e all'indulgenza, senza però che questo si trasformi in superficialità o leggerezza.

La forza dell'amicizia sta anche nel mettere alla pari l'inferiore e il superiore. Spesso capita che una persona eminente accolga nella sua amicizia chi gli è inferiore per grado, ordine, dignità, o scienza. In questo caso bisogna disprezzare e stimare come inutile tutto ciò che non appartiene strettamente alla natura, tenendo costantemente fisso lo sguardo sulla bellezza dell'amicizia in sé, che non si addobba con vestiti preziosi o con gioielli, non cresce con l'aumentare dei possedimenti, non ingrassa nei piaceri, non si dilata con le ricchezze e non sale in dignità con gli onori. Così, tornando continuamente al principio e alle origini, dobbiamo considerare con intelligenza acuta l'uguaglianza che la natura ha stabilito, non i supplementi e le bardature che l'avidità ci offre. Quindi nell'amicizia, che è il dono migliore offerto insieme dalla natura e dalla grazia, chi sta in alto deve scendere, e chi sta in basso deve salire; il ricco deve sentire necessità, e il povero deve sentire la ricchezza; ciascuno deve scambiare con l'altro la propria condizione. È così che si realizza l'uguaglianza, come sta scritto: "Colui che raccolse molto non abbondò, e colui che raccolse poco non ebbe di meno" (*2Cor* 8,15). Non metterti quindi mai davanti all'amico, ma, se ti riconosci superiore in qualche cosa, hai un motivo in più per abbassarti subito davanti a lui, per dargli la tua fiducia, per lodarlo se è timido. E tanto più lo devi onorare quanto meno la sua condizione o la sua povertà lo richiederebbero.

L'esempio di Davide e di Gionata

Il magnifico giovane Gionata, senza tener conto né della gloria regale né del suo diritto al trono, fece un patto con Davide: l'amicizia rese il servo uguale al padrone, ed egli lo preferì a sé quando fu costretto a fuggire da Saul, suo padre, quando dovette nascondersi nel deserto perché condannato a morte e destinato ad essere ucciso. Umiliando se stesso per esaltare lui, disse: "Tu sarai re e io sarò secondo dopo di te". Che splendido esempio di vera amicizia! Che incredibile meraviglia! Il re s'infuriava contro il servo e gli scatenava dietro tutto il paese quasi fosse un pretendente usurpatore; in base ad un semplice sospetto accusa di tradimento i sacerdoti e li fa trucidare; perlustra i boschi, fruga le valli, assedia con il suo esercito monti e rupi; tutti si impegnano a vendicare l'ira del re; soltanto Gionata, l'unico che aveva tutti i motivi per essere geloso di Davide, decise di resistere al padre, di mettersi dalla parte dell'amico, di offrirgli nella sventura il suo consiglio, e, preferendo l'amicizia al regno gli disse: "Tu sarai re, io sarò secondo dopo di te".

È noto come il padre cercava di scatenare la gelosia del giovane contro l'amico, attaccandolo con insulti e spaventandolo con la minaccia di privarlo del regno e della dignità. Quando poi il re pronunciò la sentenza di morte contro Davide, Gionata non abbandonò l'amico. Perché, disse, Davide deve morire? In cosa ha peccato? Che ha fatto? Mettendo a rischio la sua vita ha sconfitto il Filisteo, e tu ne sei stato contento. Perché dunque deve morire? All'udire queste parole, al colmo dell'ira, il re tentò con la lancia di inchiodare Gionata al muro, aggiungendo alle minacce gli insulti: Figlio d'una donna perduta, non so io forse che tu prendi le parti del figlio di Iesse, a tua vergogna e a vergogna della nudità di tua madre? Quindi vomitò tutto il veleno che aveva dentro per infonderlo nel cuore del giovane, aggiungendo parole che avrebbero dovuto scatenare la sua ambizione, la gelosia, l'invidia e il rancore amaro: fino a quando vivrà il figlio di Iesse sulla terra, non avrai sicurezza né tu né il tuo regno.

Chi non sarebbe stato scosso da queste parole? Chi non avrebbe provato invidia? Quale amore, quale grazia, quale amicizia poteva resistere parole come queste senza esserne intaccata o sminuita o cancellata? Quel giovane pieno d'amore, fedele al patto dell'amicizia, forte di fronte alle minacce, paziente davanti agli insulti, disprezzò il regno e preferì l'amicizia, non si curò della gloria perché gli stava a cuore la grazia. Tu sarai re, disse, io sarò secondo dopo di te.

Dice Cicerone che si trovano persone che "ritengono ignobile preferire il denaro all'amicizia", ma che è impossibile trovare "chi antepone l'amicizia alle cariche pubbliche, a quelle politiche, ai comandi militari, al potere e alle ricchezze così che quando vengono offerte loro da una parte queste cose e dall'altra il bene dell'amicizia, pochi scelgono quest'ultima. La natura infatti è troppo debole per disprezzare il potere. Dove si troverà", dice, "chi anteponga l'onore dell'amico al suo"? Ecco, abbiamo trovato Gionata che ha vinto la natura, ha disprezzato la gloria e il potere, ha preferito al proprio l'onore dell'amico. Tu sarai re, disse, e io sarà secondo dopo di te. Questa è l'amicizia vera, perfetta, stabile ed eterna: non la corrompe l'invidia, non la riduce il sospetto, non la dissolve l'ambizione. Questa amicizia messa alla prova non cadde; assalita non crollò; colpita da tanti insulti rimase inflessibile, provocata da tante ingiurie restò irremovibile. Va, dunque, e anche tu fa lo stesso. Se però pensi che sia duro o perfino impossibile preferire colui che ami a te stesso, cerca almeno di metterlo sul tuo stesso piano se ci tieni ad essere un amico. Chi infatti non mantiene l'uguaglianza con l'altro non pratica l'amicizia in modo giusto.

"Sii rispettoso verso l'amico come con un tuo eguale", dice Ambrogio, "e non aver vergogna ad anticiparlo nel rendere un servizio. L'amicizia infatti non conosce la superbia. L'amico fedele è davvero una medicina per la vita, una grazia d'immortalità".

L'amicizia e lo scambio dei favori

Vediamo ora come si deve coltivare l'amicizia riguardo ai benefici, e qui ruberò qualcosa dagli altri. Qualcuno ha detto: "Si stabilisca nell'amicizia questa legge: chiediamo agli amici cose oneste, facciamo cose oneste per gli amici senza aspettare la loro richiesta; non deve mai esserci indugio ma sempre premura". Se per l'amico si deve essere disposti a perdere del denaro, tanto più si deve essere pronti ad usarlo per venire incontro alle sue necessità. Ma non tutti possono fare tutto. C'è chi ha molto denaro, chi è invece ricco di terreni e di case; uno è più bravo nel dare consigli, un altro lo è nel rendere onori. Considera con prudenza come devi comportarti con l'amico riguardo a queste cose. Sul denaro la Scrittura ha detto quanto basta: "Perdi pure, dice, il denaro per un amico (*Sir* 29,10)". Ma poiché gli occhi del saggio sono nel suo capo (cfr. *Qo* 2,14), se noi siamo le membra e Cristo è il capo, facciamo quello che dice il Profeta: I miei occhi sono sempre rivolti al Signore, per ricevere da lui la legge della vita, della quale è scritto: "Se qualcuno di voi manca di sapienza, la domandi a Dio, che dona a tutti generosamente e senza rinfacciare, e gli sarà data" (*Gc* 1,5). E allora regala ciò che hai all'amico senza farglielo pesare, senza aspettarti una ricompensa, senza corrugare la fronte, senza voltare la faccia, senza abbassare lo sguardo; ma con aspetto sereno, con un volto raggiante, con parole amabili. Non aspettare neanche che termini la sua richiesta, va' incontro a lui con benevolenza, così da sembrare che sia tu a dargli quanto ha bisogno senza che neppure te lo chieda. Un animo sensibile sa che niente fa arrossire quanto il dover chiedere. Poiché tu formi con il tuo amico un cuor solo e un'anima sola, sarebbe gravemente offensivo non mettere in comune anche il denaro.

Osserva dunque tra gli amici questa regola: ciascuno deve dare sé e le sue cose in modo che chi dà conservi il sorriso, e chi riceve non perda la sua tranquillità. Quando Booz si accorse dell'indigenza di Rut la Moabita, le parlò mentre raccoglieva le spighe dietro ai mietitori, la consolò, la invitò alla mensa dei suoi servi e, avendo riguardo, con cuore nobile, per la sua timidezza, ordinò ai mietitori di lasciar cadere apposta delle spighe perché lei le potesse raccoglierle senza sentirsi umiliata. Così anche noi dobbiamo indovinare con delicatezza le necessità degli amici, anticipare con il nostro dono una richiesta, e usare in questo uno stile che dia a chi riceve l'impressione che sia lui a fare un favore, non colui che offre il dono.

Marco: E noi religiosi, che avendo un voto di povertà non abbiamo il permesso né di ricevere né di dare alcunché, come possiamo vivere in questo senso la grazia dell'amicizia spirituale?

La reciprocità nel rapporto fra amici

Aelredo: "Gli uomini", dice il Saggio, "farebbero una vita felicissima se togliessero di mezzo queste due parole: mio e tuo". L'amicizia spirituale riceve certo un fondamento molto solido dalla scelta della povertà, che è santa proprio perché è volontaria. L'avidità rovina mortalmente l'amicizia, ed è certamente più facile conservare un'amicizia già iniziata quanto più l'animo è immune da questa peste. Però nell'amicizia spirituale ci sono altri benefici con cui gli amici possono far sentire la loro presenza e il loro aiuto. Prima di tutto devono essere solleciti l'uno per l'altro; devono pregare l'uno per l'altro; sentire ciascuno come propria l'umiliazione dell'altro, e gioire dell'altrui gioia. Ognuno deve piangere come proprio lo sbaglio dell'altro e considerare come suo il progresso dell'altro. Dobbiamo usare tutto quanto è in nostro potere per incoraggiare l'amico se è timido, per sostenerlo se è debole, per consolarlo se è triste, per sopportarlo se è irritato. Dobbiamo avere inoltre un tale rispetto dello sguardo dell'amico da non osare alcunché di disonesto o di sconveniente. Infatti, ogni sbaglio che uno fa ricade sull'amico, al punto che non è solo chi sbaglia ad arrossire e soffrire, ma l'amico che vede o sente quanto ha fatto l'altro se la prende con se stesso, come se fosse stato lui a sbagliare; e allora, se uno non ha ritegno per sé, deve averlo almeno per l'amico.

Il rispetto è il miglior compagno dell'amicizia; e dunque "toglie all'amicizia il massimo ornamento chi la priva del rispetto". Quante volte l'ira che mi si è accesa dentro e che stava per esplodere all'esterno è stata soffocata e spenta da un semplice cenno del mio amico; quante volte una parola sconveniente che era già nelle labbra è stata repressa dalla severità di un suo sguardo. Quante volte, trovandomi a ridere in modo scomposto, o perso in inutili sciocchezze, ho ritrovato al suo solo avvicinarsi la dovuta serietà!

I consigli e la correzione fraterna

Inoltre, quando ci si deve persuadere di qualcosa, si accetta più facilmente il parere di un amico e lo si ricorda meglio, perché la forza di persuasione di un amico è davvero grande. Non abbiamo nessun dubbio, infatti, sulla sua lealtà, e non c'è alcun sospetto di adulazione. L'amico dunque deve consigliare all'amico ciò che è onesto, con fermezza, con chiarezza e libertà. Gli amici, poi, non vanno solo ammoniti, ma se è il caso devono anche essere rimproverati.

A qualcuno, infatti, la verità dà fastidio, e può anche darsi che il dirla susciti risentimento, come sta scritto: "L'adulazione genera amici, la verità genera l'odio; l'adulazione tuttavia è molto più dannosa perché, essendo indulgente con gli errori, permette che l'amico precipiti nella rovina". Un amico è gravemente colpevole, e quindi soprattutto in questo va rimproverato, se disprezza la verità e si lascia indurre da adulazioni e attrattive a commettere cose gravi. Non è che sia proibito accontentare con dolcezza gli amici, e spesso anche di lodarli, ma in tutto va rispettata la moderazione, cosicché l'ammonizione deve essere priva di asprezza, e il rimprovero non deve diventare un insulto. Nell'accondiscendenza e nei complimenti deve sempre esserci un'affabilità dolce e onesta. Invece si devono eliminare con decisione le moine, che sono fonte di vizi e indegne non solo di un amico, ma anche di un uomo libero.

Se poi uno ha proprio le orecchie chiuse alla verità, da non poterla ascoltare neppure da un amico, allora si deve temere per il bene della sua anima. Per cui, come dice sant'Ambrogio, "se scopri qualche difetto nell'amico, correggilo in privato; se non ti ascolta, correggilo in pubblico. Le correzioni, infatti, sono buone, e spesso sono meglio di un'amicizia troppo silenziosa. Anche se l'amico si sente offeso, tu correggilo lo stesso. Anche se l'amarezza della correzione gli ferisce l'animo, tu correggilo lo stesso. È meglio sopportare le ferite inflitte dagli amici, che i baci degli adulatori. Correggi, dunque, l'amico che va fuori strada".

Nel correggere si devono evitare soprattutto l'ira e il risentimento acido, perché non sembri che, più che correggere un amico, uno voglia dar sfogo ad un eccesso d'ira. Ho visto infatti alcuni che nel correggere gli amici facevano passare per zelo e per sincerità la loro amarezza e il ribollire dell'esasperazione. Questo modo di correggere, che segue l'istinto e non la ragione, non ha mai fatto bene a nessuno, anzi, ha fatto spesso molti danni. Fra gli amici non c'è nessuna giustificazione possibile per questo vizio. L'amico deve infatti entrare in simpatia con il proprio amico, essere condiscendente, sentire come suo il difetto dell'altro, correggere in modo discreto, facendo propri i sentimenti dell'altro. Lo deve correggere con la tristezza del volto, con parole che sanno di afflizione, anche con il pianto che interrompe le parole. L'altro non deve solo vedere, ma anche sentire che la correzione sgorga dall'amore, e non dal rancore. Se l'amico rifiuta una prima correzione, accoglierà almeno la seconda. Tu intanto prega, piangi, mostra un volto rattristato, ma conserva un affetto pieno di carità.

Devi anche scrutare come è fatto il suo animo. Ci sono infatti quelli che si piegano più volentieri alle amorevolezze, altri che non ci fanno alcun caso, e si correggono più facilmente con la disciplina o con le parole. L'amico dunque si deve adattare all'amico, regolandosi secondo il suo carattere. E visto che deve stargli vicino nelle avversità che lo colpiscono da fuori, deve affrettarsi ancor più ad andargli incontro nelle difficoltà che affliggono il suo intimo. "Se dunque è proprio dell'amicizia ammonire ed essere ammoniti, fare una cosa con libertà ma senza asprezza, sopportare l'altro con pazienza, ma senza risentimento, dobbiamo star certi che nelle amicizie non c'è una peste più grande dell'adulazione e del servilismo. Queste cose sono tipiche di persone superficiali e bugiarde, che dicono sempre quello che vuole l'altro, ma mai la verità".

Non deve esserci dunque nessuna esitazione tra gli amici, nessuna simulazione, cosa che più di qualsiasi altra ripugna all'amicizia. L'amico ha diritto alla "verità, senza la quale lo stesso nome di amicizia non ha alcun valore". Dice il santo re Davide: "Mi percuota il giusto e il fedele mi rimproveri, ma l'olio dell'empio non profumi il mio capo" (*Sal* 141,5). Chi fa il furbo e agisce con finzione provoca l'ira di Dio. Per cui il Signore dice per mezzo del Profeta: "Il mio popolo! Un fanciullo lo tiranneggia e le donne lo dominano. Popolo mio, le tue guide ti traviano, distruggono la strada che tu percorri" (*Is* 3,12).

Perché, come dice Salomone, il simulatore con le sue parole inganna l'amico. Si deve dunque praticare l'amicizia in modo che, se talvolta, per motivi precisi, si può ammettere la dissimulazione, non deve mai esserci posto per la simulazione.

Marco: Ma dimmi, come è possibile che la dissimulazione sia necessaria, visto che è sempre, almeno mi sembra, un vizio?

Aelredo: Ti sbagli, carissimo. Si dice infatti che Dio dissimula i peccati di chi sbaglia, non volendo la morte del peccatore, ma che si converta e viva.

Marco: Allora fammi capire che differenza c'è tra la simulazione e la dissimulazione.

La dissimulazione come forma di rispetto

Aelredo: La simulazione, direi, è un consenso ingannevole, contrario al giudizio della ragione. Terenzio ha espresso con molta eleganza il concetto nel personaggio di Gnatone: "Qualcuno dice di no. Dico di no. Dice di sì? Dico di sì. Alla fine mi sono imposto di dar ragione a tutti". Può darsi che questo pagano abbia attinto dal nostro tesoro, esprimendo con le sue parole quanto pensa un nostro profeta. Infatti è chiaro che il profeta intende la stessa cosa quando fa dire al popolo perverso: "Non fateci profezie sincere, diteci cose piacevoli, profetateci illusioni" (*Is* 30,10). E altrove: "I profeti predicono in nome della menzogna e i sacerdoti governano al loro cenno; eppure il mio popolo è contento di questo" (*Ger* 5,31). Questo vizio è sempre detestabile, sempre e ovunque da evitare. La dissimulazione invece è una forma di sospensione, per cui la pena o la correzione vengono rimandate, senza per questo approvare interiormente l'errore, ma tenendo conto del luogo, del momento, della persona. Se infatti il tuo amico commette uno sbaglio in pubblico, non lo devi rimproverare subito e davanti a tutti; ma, considerato il luogo, devi dissimulare, anzi, per quanto è possibile, salva restando la verità, devi scusare quello che ha fatto, e aspettare di trovarti in un luogo privato e familiare per fargli il rimprovero che merita. Così, quando una persona è occupata in molte cose, e si trova meno disposta ad ascoltare, oppure per un qualche motivo è emotivamente turbata e piuttosto agitata, è necessario dissimulare, fino a quando, finita l'agitazione, sia capace di accettare il rimprovero con più serenità. Quando il re Davide, spinto dalla sensualità, aggiunse all'adulterio un omicidio, il profeta Natan, rispettoso della dignità del re, non andò subito né con l'agitazione nel cuore a rinfacciare a una persona così importante il crimine commesso, ma dissimulando tutto per un tempo conveniente, riuscì con la prudenza a strappare allo stesso re la sentenza che lo condannava (cfr. *2Sam* 12,1-13).

L'amicizia e l'attribuzione degli incarichi

Marco: questa distinzione mi piace molto. Però vorrei sapere se un amico che gode di un certo potere, ed è in grado di conferire onori e cariche a chi vuole, deve preferire in queste promozioni quelli che ama e che lo amano, e se tra questi deve anteporre quelli che ama di più a quelli che ama di meno.

Aelredo: È utile esaminare come si deve coltivare l'amicizia su questo punto. Ci sono alcuni che ritengono di non essere amati se non vengono promossi a qualche carica, e si lamentano di essere trascurati se non vengono scelti per qualche funzione di prestigio.

Questo modo di pensare - lo sappiamo bene - ha provocato grandi discordie tra persone che si ritenevano amiche. Alla rabbia è seguita la separazione e alla separazione gli insulti. Per questo, nel distribuire onori e incarichi, soprattutto ecclesiastici, bisogna osservare molta cautela: non devi guardare a quello che tu puoi offrire, ma se l'altro è in grado di sostenere quello che tu gli offri. Sono molte le persone che meritano di essere amate, ma non per questo meritano di essere promosse; come sono molti quelli che possiamo onestamente abbracciare con la dolcezza del nostro affetto, ma, se affidassimo loro un incarico o un ufficio, faremmo un grave peccato noi, e metteremmo anche loro in grave pericolo. In queste cose si deve sempre seguire la ragione, non il sentimento. Non dobbiamo imporre onori o pesi sulle spalle di coloro che ci sono più amici, ma di quelli che sono più idonei a portarli. A parità di capacità però non mi sentirei di disapprovare una scelta in cui, in qualche modo, l'affetto si intrufola nella decisione.

Nessuno, quindi, deve sentirsi disprezzato se non riceve una promozione, dato che anche il Signore Gesù in un caso simile preferì Pietro a Giovanni, e dando a Pietro il comando non tolse certo a Giovanni l'affetto. A Pietro affidò la sua Chiesa, a Giovanni affidò la sua carissima madre. A Pietro diede le chiavi del suo regno, a Giovanni aprì i segreti del suo cuore.

Pietro, quindi, sta più in alto, ma Giovanni è più al sicuro. Pietro, benché costituito in autorità, quando Gesù dice: "Uno di voi mi tradirà", trema come gli altri e ha paura; Giovanni invece, fatto audace dalla sua intimità con Gesù, sul cui petto stava reclinato, visto il cenno di Pietro che vuol sapere chi è il traditore, ha il coraggio di interrogare. Pietro, quindi, viene lanciato nell'azione, ma Giovanni è riservato per l'affetto, perché "Così", dice, "voglio che lui rimanga fino al mio ritorno" (cfr. *Gv* 21,22). Ci ha dato un esempio, infatti, perché anche noi facciamo così.

Diamo all'amico tutto quanto è in nostro potere in amore, grazia, dolcezza, carità; diamo invece gli onori futili e gli oneri a quelli che ci vengono suggeriti dalla ragione, sapendo che uno non amerà mai veramente un amico se non gli basta l'amico così com'è, e vuole in più da lui queste cose vili e spregevoli.

Però si deve anche stare molto attenti a negare un grande vantaggio perché ostacolati da un affetto troppo tenero. Questo accade quando, presentandosi la possibilità di impiegare meglio persone a cui siamo legati da un grande affetto, non vogliamo separaci da loro né gravarle di pesi. Nell'amicizia ben ordinata la ragione deve governare il sentimento, e si deve guardare non tanto al gradimento dell'amico, quanto piuttosto al bene comune.

Il ricordo di due amici di Aelredo

Ora mi vengono in mente due miei amici che, se anche non sono più in questo mondo, per me sono e saranno sempre vivi. Il primo me l'avevo incontrato agli inizi della mia conversione, quando ero ancora molto giovane, ed eravamo diventati amici per una certa somiglianza di carattere e d'interessi. L'altro l'avevo scelto io quando era ancora giovanissimo, e dopo averlo messo alla prova in tanti modi, quando ormai cominciavo ad avere un po' di grigio sui capelli, lo accolsi in una profondissima amicizia. Il primo l'avevo scelto come compagno per condividere con lui le gioie della vita religiosa e le dolcezze dello spirito che allora cominciavo a gustare. Non ero ancora oppresso da alcun incarico pastorale né distratto da preoccupazioni materiali. Non chiedevo né davo altro che affetto, come vuole la carità.

L'altro, che avevo scelto ancora giovane, come assistente, lo ebbi come collaboratore nelle presenti fatiche. Facendo, con l'aiuto della memoria, un confronto fra queste due amicizie, direi che la prima poggiava soprattutto sul sentimento, la seconda sulla ragione, anche se non mancarono né l'affetto nella seconda, né la ragione nella prima. Il primo, perse la vita agli inizi della nostra amicizia, quindi potei solo sceglierlo, non metterlo alla prova, come abbiamo detto che si deve fare; l'altro, che mi fu lasciato, l'ho sempre amato dalla giovinezza all'età matura. Salì con me tutti i gradi dell'amicizia, per quanto fu possibile alla nostra imperfezione.

La prima cosa che attrasse il mio sentimento verso di lui fu l'ammirazione per le sue virtù. Venne dal sud, lo condussi in questa solitudine nordica, e fui il primo a formarlo nella disciplina della vita religiosa. Da allora, vittorioso sulle sue debolezze, capace di sopportare la fatica e la fame, fu per moltissimi un esempio e, suscitando l'ammirazione di molti, divenne per me fonte di vanto e di soddisfazione. Ritenni allora di coltivare la sua amicizia secondo i migliori principi, come era naturale fare con uno che non era di peso a nessuno, ma risultava simpatico a tutti. Obbediva sempre con docilità, sempre umile, mansueto, serio nel comportamento, di poche parole, ignaro di cosa fossero la rabbia, il pettegolezzo, il rancore, la denigrazione.

Camminava come un sordo che non sente, e come un muto che non apre la sua bocca (cfr. *Sal* 37,14). Lavorava senza temere la fatica, ossequiente all'obbedienza, portando instancabilmente, nella mente e nel corpo, la severità della disciplina ascetica. Una volta, ancora giovanissimo, essendosi ricoverato nell'infermeria, fu rimproverato dal santo abate mio predecessore perché ancora così giovane si era abbandonato troppo presto al riposo e all'inerzia. Divenne tutto rosso per la vergogna, e, uscito immediatamente, si sottopose con tanto fervore alla severità della disciplina che per molti anni, anche quand'era stremato da una grave malattia, non si permise mai di allentare il rigore consueto. Queste cose l'avevano fatto entrare in modo eccezionale nel più intimo del mio cuore, e l'avevano a tal punto introdotto nel mio animo che da inferiore mi divenne compagno, da compagno amico, da amico... amicissimo.
Quando m'accorsi che nella grazia e nella virtù aveva ormai raggiunto diversi fratelli più anziani di lui, udito il

loro consiglio, gli affidai l'incarico di vice-superiore. Non era certo questo il suo desiderio, ma, poiché si era votato interamente all'obbedienza, accettò docilmente. Tuttavia, parlandomi in privato, cercò in molti modi di farmi accettare le sue dimissioni, portando come ragioni l'età, l'inesperienza, e anche l'amicizia che allora stava spuntando tra noi: temeva che in quella carica avrebbe avuto meno possibilità di amare e di essere amato. Ma poiché, nonostante tutti questi tentativi, non riusciva a ottenere niente, cominciò con piena libertà, anche se con umiltà e moderazione, a rivelare i timori che nutriva per tutti e due, e a dire tutte quelle cose che in me gli piacevano di meno, sperando, come mi confidò in seguito, che questa sua presunzione mi avrebbe offeso, e così mi sarei piegato più facilmente nel concedergli quanto mi chiedeva.

Questa sua libertà di cuore e di parola invece ebbe solo l'effetto di portare al vertice la nostra amicizia: lo volevo come amico, e non come uno qualsiasi. Si rese conto che quello che aveva detto mi rendeva felice e che avevo risposto umilmente ad ogni singola osservazione, dandogli soddisfazione in tutto, e che non solo non avevo trovato motivo alcuno di offendermi, anzi, ne avevo tratto frutti più abbondanti. Allora cominciò anche lui ad amarmi più di prima, a manifestarmi il suo affetto, a riversarsi interamente nel mio cuore. Tutto questo dimostrò a me la sua sincerità e a lui la mia pazienza. Anch'io, dandogli il contraccambio, quando si presentò l'occasione, ritenni di doverlo riprendere con maggior severità, non risparmiandogli parole che sembravano insulti, ma questa mia sincerità non lo rese né impaziente né ingrato. Allora cominciai a rivelargli i miei propositi più intimi, e lo trovai fedele.

Così tra noi si perfezionò l'amore, si accese l'affetto, si rafforzò la carità, fino a che si giunse ad avere un cuor solo e un'anima sola, a volere o non volere le stesse cose in un amore che non conosceva paure, che ignorava l'offesa, era privo di sospetti, detestava l'adulazione.

Non c'erano fra noi finzioni o simulazioni, nessun sentimentalismo, nessuna asprezza sconveniente, nessuna tortuosità e nessuna falsità. Tutto era chiaro e aperto, al punto che talvolta mi sembrava che il mio cuore fosse il suo, e il suo il mio, e questa era anche la sua consapevolezza. Procedendo così, per la via diritta dell'amicizia, la correzione non suscitava indignazione, né il consenso diventava compiacenza. Per cui, dimostrandosi amico in tutto, egli mi offriva, per quanto poteva, pace e serenità. Era lui a esporsi ai pericoli e ad affrontare gli ostacoli sul nascere. A volte, quando era già malato, desideravo dargli un po' di sollievo; lui però me lo proibiva, dicendo che dovevamo stare attenti a che il nostro amore non fosse misurato in base a un vantaggio materiale, o che il gesto fosse attribuito più al mio affetto umano che alla sua reale necessità, cosa che avrebbe svalutato la mia autorità. Era come la mia mano, il mio occhio... il bastone della mia vecchiaia.

Era il cuscino su cui si riposava il mio spirito, il sollievo delle mie sofferenze. Quando ero stremato dalle fatiche, mi accoglieva nel suo amore; se ero immerso nell'abbattimento e nella tristezza, le sue parole mi ridavano fiducia. Se ero agitato mi riportava alla calma; se ero adirato mi riportava alla serenità. Se capitava qualcosa di triste, lo riferivo a lui, per poter sostenere più facilmente, unito a lui, quello che da solo non riuscivo a sopportare. Che altro posso dire? Non è stato forse un pregustare la felicità del cielo questo modo di amare e di essere amato, di aiutare e di essere aiutato; questo prendere slancio dalla dolcezza della carità fraterna per volare in quel luogo altissimo dove brilla lo splendore dell'amore di Dio e, sulla scala della carità, ora salire verso l'abbraccio di Cristo stesso, ora scendere all'amore del prossimo per una dolce pausa di riposo? Se in questa nostra amicizia, di cui ho parlato per mostrarvi un esempio, trovate qualcosa da imitare, servitevene per il vostro vantaggio.

CONCLUSIONE

Ora per concludere questo nostro colloquio, anche perché il sole sta tramontando, credo che siete convinti che l'amicizia nasce dall'amore. Se uno però non ama se stesso non può neanche amare un altro, perché l'amore del prossimo si costruisce sul modello dell'amore con cui uno ama se stesso. Ma non ama se stesso colui che esige da sé o si propone qualcosa di turpe e di disonesto.

Il primo passo dunque consiste nel purificare se stessi, non indulgendo a niente che sia indegno, né togliendo nulla di quanto può essere utile. Chi ama se stesso in questo modo, può amare anche il prossimo, seguendo la stessa regola. Ma dal momento che questo amore abbraccia molte persone, dobbiamo scegliere tra queste chi possiamo ammettere con un vincolo più familiare nell'intimità dell'amicizia riversando abbondantemente il nostro affetto, aprendo il nostro cuore fino a mettere a nudo, i suoi pensieri e i suoi desideri più profondi.

La scelta va fatta però non dietro l'impulso instabile del sentimento ma con l'acutezza della ragione, in base alla somiglianza dei temperamenti e tenendo conto delle virtù. Offriamoci generosamente per l'amico quindi, evitando ogni superficialità. Tutto deve portare alla gioia, né devono mancare l'aiuto, il rispetto e la cortesia che nascono da una benevolenza e da una carità ben ordinate.

Mettiamo alla prova la fedeltà dell'amico, la sua onestà, la sua pazienza. Quindi passiamo gradualmente alla comunione dei pensieri, all'impegno costante nei comuni interessi, arrivando fino ad una certa conformazione nell'aspetto. Gli amici, infatti, devono essere così conformi che, appena uno vede l'altro, anche l'aspetto del volto di uno si riflette in quello dell'altro, sia quando è triste e abbattuto, sia quando è sereno e gioioso.

Dopo averlo scelto e messo alla prova, accertati che non voglia chiederti niente di sconveniente, né, se richiesto, accordartelo. Verifica se ritiene l'amicizia una virtù, e non un affare redditizio, se rifugge dall'adulazione e detesta le lusinghe, se è sincero e discreto nel parlare, se accetta con pazienza la correzione, se è costante e saldo nel voler bene. Solo allora gusterai quella dolcezza spirituale che fa dire: come è bello e quanta gioia dà vivere insieme, da fratelli (cfr. *Sal* 132,1). Allora vedrai quanto ci si guadagna a soffrire l'uno per l'altro, a faticare l'uno per l'altro, a portare l'uno i pesi dell'altro, quando ciascuno trova dolce dimenticare se stesso a favore dell'altro, preferire la volontà dell'altro alla propria, andare incontro alle necessità dell'altro prima di pensare alle proprie, esporsi e opporsi alle avversità per risparmiare l'amico. E nello stesso tempo quanta dolcezza nel parlarsi, nel raccontarsi progetti e pensieri, esaminando tutto insieme, e in tutto convergendo su uno stesso parere.

Oltre a questo poi c'è il pregare l'uno per l'altro, una preghiera che, venendo da un amico, è tanto più efficace quanto più carica di affetto si eleva a Dio insieme alle lacrime, generate dal timore o dall'affetto o dal dolore. Così, un amico che prega Cristo per conto dell'amico, e desidera essere esaudito da Cristo per amore dell'amico, finisce per dirigere su Cristo il suo amore e il suo desiderio. Succede allora che rapidamente, in modo impercettibile, si passi da un affetto all'altro e, con la sensazione di toccare da vicino la dolcezza di Cristo stesso, l'amico cominci a gustare e a sperimentare quanto egli è dolce è amabile.

In questo modo, da quell'amore santo con cui si abbraccia il proprio amico, si sale a quello con cui abbracciamo Cristo stesso: si afferra così, nella gioia, a piene mani, il frutto dell'amicizia spirituale, nell'attesa di una pienezza che si realizzerà nel futuro quando, eliminato quel timore che ora ci tiene in ansia e ci fa preoccupare l'uno per l'altro, vinte tutte quelle avversità che ora dobbiamo sostenere l'uno per l'altro, distrutto insieme alla morte il suo pungiglione (cfr. *1Cor* 15,54-55), che ora spesso ci sfianca e ci costringe a soffrire l'uno per l'altro, raggiunta la sicurezza, godremo per l'eternità del sommo bene. Allora questa amicizia, alla quale ora ammettiamo solo pochi, sarà trasfusa in tutti, da tutti rifluirà su Dio, e Dio sarà tutto in tutti (*1Cor* 15,28).

L'Amicizia spirituale – Aelredo di Rievaulx

Limovia.net – classici della cristianitá

Indice

CERCA I CLASSICI
DELLA CRISTIANITÀ
SU
LIMOVIA.NET

GRAZIE!

LIMOVIA.NET